인간의 천성은 비슷하나,
습관의 차이가 큰 차이를 만든다.
_공자

덕이 어디 멀리 있는 것인가?
내가 도덕적이고자 하면 덕에 이르느니라.
_공자

들은 것은 잊어버리고,
본 것은 기억하고 직접 해 본 것은 이해한다.

_공자

배우나 생각하지 않으면 공허하고,
생각하나 배우지 않으면 위험하다.

_공자

어른이 되기 전에
꼭 한 번은 논어를 읽어라 ①

어른이 되기 전에
꼭 한 번은 논어를 읽어라 ①

펴낸날 2023년 2월 10일 1판 1쇄

지은이_판덩
옮긴이_하은지
펴낸이_김영선
편집주간_이교숙
교정교열_정아영, 나지원, 남은영, 이라야, 김온
경영지원_최은정
디자인_바이텍스트
마케팅_신용천

펴낸곳 (주)다빈치하우스-미디어숲
주소 경기도 고양시 일산서구 고양대로632번길 60, 207호
전화 (02) 323-7234
팩스 (02) 323-0253
홈페이지 www.mfbook.co.kr
이메일 dhhard@naver.com (원고투고)
출판등록번호 제 2-2767호

값 15,800원
ISBN 979-11-5874-178-5 (43100)

청소년을 위한 논어

어른이 되기 전에

꼭 한 번은 논어를 읽어라 ①

판덩 지음
하은지 옮김

미디어숲

모든 청소년이
『논어』를 읽어야 하는 이유

**"2천여 년 전에 등장한 『논어』를 21세기에 꼭 읽어야 할 필요
가 있을까요?"**

여기에 대답하기 전에 먼저 여러분께 저와 『논어』와의 인연
을 소개해 드리려고 합니다.

저는 대학을 다니는 내내 늘 불안했습니다. 청소년기 특유
의 패기와 당당함을 무기로 내 잘난 모습을 사람들에게 마음
껏 보여주고 싶었지만, 여전히 오만함과 예민함을 버리지 못
한 탓인지 대학에서도 내 뜻대로 되지 않았기 때문입니다.

아직도 생생하게 기억나는 장면이 있습니다. 캠퍼스 게시
판에 대문짝만하게 붙어있던 벽보입니다. 거기에는 소위 성

적이 우수한 'TOP3 장학생'의 이름이 들어가 있기도 했고, 행사에서 상을 받은 학생의 이름이나 동아리 회장단의 이름이 적혀있었습니다. 그 수많은 이름 가운데 제 이름은 없었습니다. 그 상황이 저를 무기력하게 만들었습니다. 단지 벽보에 이름이 올라가지 않았을 뿐, 지금 생각해 보면 정말 대수롭지 않은 일이었지만 그 시절의 저에게는 그렇지 않았습니다. 그 벽보가 제 마음속 '감정 버튼'을 세게 내리친 것만 같은 기분이었습니다. 나의 가치를 표현하지 못한다는 우울감과 실망감에 휩싸여 저는 한없이 가라앉았습니다.

그러던 어느 날 오후, 도서관에 앉아 책을 읽다가 무의식중에 펼쳐 든 남회근 선생의 『논어별재』에 빠져들어 손에서 책을 놓지 못했습니다. 사실 중학교 때 『논어』를 배운 적은 있었지만, 그건 배웠다고 할 수 없었습니다. 그냥 교과서에 수록된 몇 편만을 읽은 게 전부였으니까요. 당시에는 공자가 항상 제자들을 혼내고 꾸짖는 '학생 주임'과 같은 이미지로 다가왔습니다. 그때는 그렇게 단편적이고 유치한 시각으로 『논어』와 공자를 이해했었습니다.

그런데 대학에서 접한 남회근 선생의 『논어』는 호탕하고 솔직했습니다. 점점 『논어』가 궁금해지기 시작했죠. 그렇게 진지한 마음으로 『논어』를 다시 읽다 보니 우리 인생의 고민과 번뇌를 해결할 모든 방법이 그 안에 다 들어있다는 사실이 놀라웠습니다. 벽보에 이름이 오르지 않아 슬퍼하고 위축되어 있던 제게 공자가 이렇게 위로를 건네는 것 같았습니다.

자왈子曰 "불환인지불기不患人之不己知, 환부지인야患不知人也."

공자가 말하길,
"남이 자기를 알아주지 않음을 걱정하지 말고 자기가 남을 알지 못함을 걱정하여라."

이 구절을 보는 순간 코끝이 찡해졌습니다. "남이 너를 몰라

준다고 걱정하지 말고 네 능력이 얼마나 되는지를 헤아려 보아라. 정말로 능력을 갖추었다면 누군가 너의 이름을 그 벽보에 써넣지 않겠느냐." 공자가 제게 이렇게 말하면서 등을 토닥여주는 느낌이었습니다. 이런 생각이 들자 신기하게도 그동안 저를 괴롭히던 우울감과 불안함이 씻은 듯 말끔히 사라졌습니다.

대학을 졸업하고 저는 CCTV 방송국에 들어가 일하면서 엄청난 스트레스를 받았습니다. 그때 겪은 불안감은 학생 시절의 것과는 결이 완전히 다른 종류였습니다. 그 불안은 삼시세끼 먹는 밥과 매달 돌아오는 월세 납부일, 상사들의 눈초리와 향후 내가 걸어갈 길과 긴밀하게 연결되어 있었지요. 불안하고 분주한 나날을 보내던 저는 다시금 『논어』를 꺼내 들었습니다. 그리고 그의 가르침을 읽으며 순식간에 마음의 평안을 얻었습니다.

군자모도불모식君子謀道不謀食, 군자는 도를 추구하지, 먹을 것을 추구하지 않는다.

군자우도불우빈君子憂道不憂貧, 군자는 도를 지키지 못할까 걱정할 뿐 가난은 근심하지 않는다.

이 구절을 읽는 순간 무언가에 저는 또다시 머리를 세게 맞은 느낌이었습니다. '내가 고민하는 걸 수천 년 전 공자도 똑같이 고민했구나!' 하는 생각에 큰 위로를 받기도 했습니다.

지금까지 저는 20년 넘게 『논어』를 연구하고 있지만 매일 읽어도 매일 새로운 느낌입니다. 그리고 매번 어려움을 만날 때마다 거기서 해답을 얻고는 하지요. 저와 『논어』와의 인연은 이렇게 시작되었습니다.

『논어』는 공부에 관한 책입니다

여러분이 『논어』를 조금 더 쉽게 이해하도록 돕기 위해 저는 『인생 논어』라는 책을 출간한 적이 있습니다. 책을 출간한 이후 지금까지도 많은 독자의 연락을 받았는데 그중 몇 가지 기억에 남는 후기를 말씀드리겠습니다. 친한 친구가 했던 말입니다.

"나는 『논어』가 우리 삶이랑 이렇게 가깝다는 걸 처음 알았어. 사실 『인생 논어』가 다른 책보다는 많이 두껍잖아. 그런데 전혀 지루하게 느껴지지 않더라. 그냥 부담 없이 침대 머리맡에 두고 손이 가는 대로 읽으면 좋은 책인 것 같아."

또 얼굴을 모르는 한 독자는 이런 댓글을 남기기도 했습니다.

"제가 먼저 읽었어요. 다 읽고 난 다음에 제 아이에게 한 편씩 읽어주기 시작했어요."

이런 긍정적인 피드백은 제게 정말 많은 힘이 됩니다.

저는 여러분이 『논어』에 관심을 가지고 그 세계에 빠지도록 물꼬를 터주는 역할을 할 뿐인데 『논어』에 대한 칭찬이 저에게 들려오니 송구스럽기까지 했습니다. 『인생 논어』를 시작으로 특히 청소년 독자들이 좀 더 쉽게 읽을 수 있는 『논어』가 있으면 좋겠다는 생각이 들었습니다. 그래서 이 책을 출간하게 되었습니다.

이 책에서는 오로지 청소년들이 가장 관심 있는 '공부'에 관련된 주제만 다루었습니다. 그렇습니다. 『논어』는 공부에 관한 책입니다. 『논어』의 핵심 취지가 바로 '배움'이기에 그렇습니다. 공부는 단순히 학습적인 부분만을 이야기하지 않습니다. 인간관계, 일상생활, 교우관계 모든 것이 '배움'에서 시작됩니다. 이는 공자가 강조했던 '일일관지一以貫之', '한 가지 이치로 모든 일을 꿰뚫어 본다'는 진리를 구현하고 있는 것입니다.

바라기로는 여러분이 이 책을 읽고 감명받은 글귀를 한두 구절 추려내 그것을 좌우명으로 삼거나 책상 앞에 붙여두고 자주 상기하면서 삶에 녹아들도록 했으면 좋겠습니다.

마지막으로 『공자전』의 저자 포붕산 선생님께 진심으로 감사의 말씀을 올립니다. 선생님은 『공자전』에서 공자의 생애와 당시 각국의 형세를 아주 세밀하게 연구해 놓으셨습니다. 이

책에 그가 연구한 공자의 생애 표와 당시 국가들의 형세도를
부록으로 첨부하고자 하는 생각을 말씀드렸을 때 그는 조금
의 망설임도 없이 허락해 주셨습니다. 이 두 자료가 여러분이
더욱 쉽고, 깊이 『논어』를 이해하는 데 많은 도움을 줄 것이며
오래전 이 세상에 존재했던 현인을 더욱 가까이 느낄 수 있도
록 하는 역할을 할 것입니다.

저자 판덩

차례

3장 그 누구도 아닌 '나'를 위한 공부법

4장 공부의 블랙 레벨, 락지자를 향해

"인류의 생존을 위협하는 것은 연약함과 무지가 아닌 오만과 자만이다."
자신의 무지함을 인정하는 사람에게는 희망이 있습니다.
모른다는 것을 인정할 때 성장할 기회가 주어지며
자신의 부족함을 알아야만 모든 지식을 겸손하고
신중한 태도로 대할 수 있기 때문입니다.

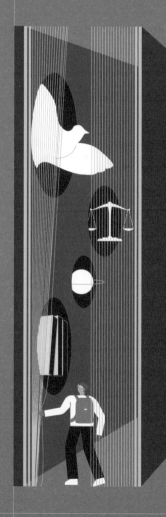

 1장

'지겨움'을
'즐거움'으로
전환하기

인생 좀 즐길 줄 아는
공자의 첫 마디

자①왈子曰 "학이시②습③지學而時習之, 불역열④호不亦說乎? 유붕자
원방래有朋自遠方來, 불역락호不亦樂乎? 인부지이불온⑤人不知而不慍, 불
역군자⑥호不亦君子乎?"

공자가 말하길, "배우고 제때 익히면 즐겁지 아니한가?
친구가 먼 곳에서 찾아오니 기쁘지 아니한가?
사람들이 알아주지 않아도 화내지 아니하니 군자답지 아니
한가?"

---

① 자子: 『논어』에서는 공자를 가리킨다. 고대 중국에서는 사회적 지
위가 있고 학문적 지식을 지닌 남자를 향한 존칭으로 사용된다.
② 시時: 제때.

③ 습習: 복습하다.
④ 열說: 통가자通假字[1], 즐겁다, 기쁘다.
⑤ 온慍: 화내다, 분노하다.
⑥ 군자君子: 재능과 덕을 겸비한 사람, 훌륭한 사람.

　학생들에게 '고대 중국의 가장 훌륭한 스승'이 누구냐고 물으면 아마 열에 아홉은 '공자'라고 대답할 것입니다. 그도 그럴 것이 무려 3천 명의 제자들이 그를 따랐고 그중에서도 안연[2], 증자[3], 자하[4] 등 지智·덕德·체體를 모두 겸비했다고 평가받는 걸출한 제자들이 탄생했으니까요. 그래서 그는 지금까지도 명실상부 '진짜 스승'이라는 칭호를 받고 있습니다. 훗날 제자들은 그가 했던 말들을 기록해서 책으로 만들었는데 그게 바로 우리에게 익숙한 『논어』입니다.

　제자들은 『논어』를 총 스무 편으로 구성했습니다. 세상에, 스무 편이라니요? 공자가 얼마나 많은 명언을 남겼을지 상상조차 할 수 없습니다. 그 많은 말들을 일일이 받아 적은 제자들의 노력 또한 경이로울 지경입니다. 스무 편을 구성하면서 제자들은 독특한 방식을 취했습니다. 첫 문장에 나오는 두 글자를 제목으로 삼아 전부 스무 개의 소제목을 달았습니다.

　먼저 1편을 봅시다. 1편의 첫 구절에 등장하는 두 글자는 '학이學而'입니다. 그러니 1장 1편의 제목은 「학이學而」가 됩니다.

사실 위에 등장한 『논어』 속의 구절은 어디선가 많이 들어 본 적이 있을 겁니다. 뜻은 몰라도 '학이시습지' 정도는 너무나 익숙하게 들어서 특별할 게 없는, 평범한 문장처럼 느껴질 수 있지요. 이 문장을 쉽게 해석해 보면 이렇습니다.

> 지식을 얻은 후 부단히 복습하고 활용하는 것은 유익한 일이며,
> 마음 맞는 친구가 먼 곳에서 놀러 오는 것은 기쁜 일이고,
> 날 이해해 주는 사람이 없어도 화내지 않는다면 군자다운 일 아니
> 겠는가?

이 문장은 요즘 말로 하면 '쌀로 밥 짓는 이야기', 즉 하나마나한 이야기, 누구나 다 아는 이야기입니다. 그런데 여기서 한 가지 생각해 보아야 할 점이 있습니다. 이토록 지극히 당연하고 평범해 보이는 문장을 책의 첫 장에, 그것도 가장 첫 구절에 배치한 이유는 무엇일까요? 여기에는 대단히 중요한 이유가 있습니다.

사람은 평생토록 배웁니다. 대학을 졸업한다고 해서 배움이 끝나는 것은 아니죠. 평생 공부를 시작하는 그 출발점에서 가장 중요한 것은 배움에 대한 마음가짐입니다. 100m 달리기를 할 때도 출발선에 섰을 때 우리는 두근거리는 심장을 진정

시키며 마음을 다잡죠. 공부도 마찬가지입니다. 어떤 마음과 자세를 갖춰야 할지 태도를 정해야 합니다. 이 문장은 바로 공부에 대한 태도를 다지는 문장입니다. 그래서 제자들은 이 문장을 시작으로 책을 만들기로 한 겁니다. 그럼 첫 문장부터 보겠습니다.

학이시습지學而時習之 **불역열호**不亦說乎
: 배우고 제때 익히면 즐겁지 아니한가?

사실 이 구절은 로버트 풀과 안데르스 에릭슨의 『1만 시간의 재발견』, 캐롤 드웩의 『마인드셋』의 내용을 압축해 놓은 문장이기도 합니다. 『1만 시간의 재발견』의 저자는 아무리 뛰어난 천재들도 하나같이 목적이 분명한 훈련을 거쳐 완성된다고 말합니다. 반에서 성적이 좋은 친구들을 자세히 관찰해 보면 무슨 말인지 쉽게 알 수 있을 겁니다. 그들은 모두 오랜 시간 좋은 습관을 꾸준히 유지하는 훈련을 해 왔을 거예요.

『마인드셋』의 저자 역시 사람은 누구나 꾸준한 노력과 학습을 통해 재능과 역량을 발휘할 수 있다는 '성장형 사고방식'을 주장하며 '배움의 즐거움'을 누리라고 강조합니다. 결국 이 두 책의 내용을 한마디로 요약하자면 '학이시습지, 불역열호'가

되는 것이죠.

여기에서 사용한 '불역不亦'의 표현법은 '…하지 않는가?'라는 반문법입니다. 공자가 굳이 반문법을 사용한 이유가 무엇일까요? '배우고 제때 익히는' 일이 즐겁고 재미있는 일이라는 것에 공감하는 사람이 많지 않기 때문입니다. 그래서 '즐겁지 아니한가?'라고 되물어본 것이죠. 동의하기 어렵다면 스스로 한번 질문해 보세요. '배우고 제때 익히는' 일이 정말 신나고 즐거운가요?

공부를 못하는 학생들이 공부법을 모르기 때문에 낮은 성적을 받는 건 아닙니다. 그들도 다 어떻게 공부해야 하는지 알고 있죠. 그런데 그들이 난다 긴다 하는 친구들의 공부 비법을 듣고도 그대로 실천하지 않는 이유가 뭘까요? 그건 '배우기學'만 할 뿐 '익히지習' 않기 때문입니다. '배움'은 지식이나 정보를 새롭게 습득한다는 의미이지만 '익힘'은 습득한 내용을 끊임없이 응용하고 시도하며 실천하는 것을 뜻합니다.

『예기』에는 '널리 배우고, 자세하게 묻고, 신중하게 생각하여 명확하게 분별하고, 성실하게 수행한다'[5]는 구절이 나옵니다. 『논어』에서도 배움에 관한 몇 가지 단계와 함께 '실천'의 중요성을 설명하고 있습니다. 그러므로 배운 것을 진정한 '내 것'으로 만들려면 수업만 열심히 듣는 것으로는 부족합니다. 그 내용을 계속해서 생각해 보고 추론해 보기도 하며 실제로 응용하고 또 활용해야 합니다.

물론 그 과정에서는 여러 난관에 부딪힐 겁니다. 그런데 그것을 누가, 어떻게 해결해야 할까요? 이에 대한 답은 '학이시습지'에서 찾아볼 수 있습니다.

우리가 무언가를 배우는 과정에서 만나는 문제는 크게 두 가지로 나눌 수 있습니다.

첫째는 배우려 하지 않는 자세입니다. 일단 『논어』 자체가 배움을 시작했거나 준비하는 공자의 제자들이 언급한 내용이기 때문에 이에 관련된 내용은 없습니다. 배우려는 자세는 기본적으로 갖추어야 하는 것이죠. 그리고 일단 성실하게 학교와 학원을 다니는 친구들은 공자의 제자와 마찬가지로 기본적으로 배우려는 자세는 갖추고 있습니다.

나머지 하나는 배운 내용을 어떻게 응용하고 체화하는가 하는 문제입니다. 배운 내용을 실천하고 자신의 것으로 만드는 과정에 정해진 시간이란 없습니다. 때로는 짧게, 때로는 아주 길게 이어지기도 합니다. 그런데 간혹 어떤 친구들은 목표를 세우고 나서 단기간에 자신이 생각한 만큼의 결과가 나오지 않으면 불안해하고 절망하거나 쉽게 포기합니다. 이러한 불안함은 '지름길'만 골라서 어떻게든 편하게 가려는 생각에서 기인하죠. 그래서 그들은 이렇게 생각합니다.

'자, 됐어. 이 정도로 계획을 세우고 공부했으면 곧바로 효과가 나타나겠지.'

하지만 공자는 '한걸음에 정상에 도달하려는 욕심을 버리라'고 조언합니다. '학이시습지'는 배우는 과정이 매우 즐겁고 기뻐야 하는데 결과에만 급급하면 그 과정을 충분히 만끽할 수 없기 때문이죠. 문제를 해결하는 과정에서 즐거움을 찾는 것은 『마인드셋』에서 강조하는 핵심이기도 합니다. 자신의 실수와 잘못, 좌절에서 배울 점을 찾고, 나아가 그 과정에서 즐거움을 느끼는 사람은 평생 성장할 수 있다고 저자는 말합니다.

이어서 '유붕자원방래, 불역락호?'를 살펴봅시다. 혹시 '친구가 먼 곳에서 찾아오는 일'이 달갑지 않았던 경험은 없었나요?

저는 그런 기억이 있습니다. 어릴 때, 집에 손님이 찾아오면 아버지 얼굴에 미소와 함께 걱정스런 표정이 드리웠던 것이 떠오릅니다. 친구의 방문으로 인해 아버지의 연구 작업에도 방해가 되고 가족들의 계획이나 일상도 그에 맞게 움직여야 했으니까요. 게다가 집안 형편이 넉넉하지 않았던 탓에 아버지는 누군가 찾아올 때마다 혹여나 궁핍하게 대접하는 건 아닐까 늘 염려하셨던 것 같습니다. 물론 공자가 살던 시대에 비하면 지금은 물질적으로 풍요롭다 못해 모든 것이 넘쳐나는 환경이죠. 그런 점을 감안하면 멀리서 친구가 찾아올 때 현대의 사람들이 겪게 되는 문제는 두 가지입니다.

하나는 내 계획이나 일정이 어긋난다는 것, 또 다른 하나는 손님을 대접하려면 내 시간과 에너지를 쏟아야 한다는 것이죠. 그런 의미에서 본다면 이 문구는 단지 친구의 방문만을 일컫는 것이 아닙니다. 대인관계와 원활한 사회성을 위한 유연한 대처를 이야기하죠. 다른 사람과는 어떻게 협력해야 하고 예상하지 못한 변화에는 어떻게 대응해야 하는지, 또 타인이 우리의 삶에 영향을 줄 때 어떻게 대처해야 하는지를 생각하게 합니다.

사실 '친구가 멀리서 찾아온다고' 해서 크게 걱정할 필요는 없습니다. 그건 다시 말해 이 세상에 나와 마음이 맞는 사람이 있고, 그 사람이 나와 가까워지고 싶다는 뜻이니까요.

공자는 이 구절을 통해 우리가 다른 사람과 무언가를 할 때 열린 자세를 취해야 한다는 걸 알려줍니다. 예를 들어볼까요. 성적이 좋고 사회성이 원활한 친구들은 더 나은 성적을 위해,

계속 정진하기 위해 마음이 맞는 친구들과 스터디그룹을 만들어 같이 공부를 하곤 합니다. 이런 게 바로 열린 자세입니다. 자신만 아는 공부 비법을 숨기기 위해 타인과의 교류를 끊고 혹시나 고득점의 비밀이 알려질까 거짓 정보를 흘리는 것과는 비교되는 행동이죠.

'학이시습지'가 '내 삶의 어려움과 문제를 처리하는 법'을 알려준다면 '유붕자원방래'는 '나와 타인의 협력과 변화에 대처하는 자세'를, 마지막 '인부지이불온, 불역군자호'는 '한 개인의 교양과 인품을 수양하는 법'을 가르쳐줍니다.

공자는 이 한 구절 안에 사람이 살면서 마주하게 되는 대부분의 문제에 관한 답을 정리해 두었습니다. 보통 어려움이 닥쳤을 때 사람들의 반응은 두 가지입니다.

어떻게 해야 할지 몰라 우왕좌왕하거나 방법은 알지만 실천하지 못하는 경우입니다. 그런데 이때 '학이시습지'의 자세를 적용하면 계속해서 배우고, 연구하여 해결 방법을 찾아낼 수 있습니다.

누군가와 함께 일할 때 자꾸만 불협화음이 일어나 힘들다면 '유붕자원방래, 불역락호'를 떠올려보세요. 조금 더 열린 마음으로 상대를 대할 수 있을 겁니다.

마지막으로 여러분은 최선을 다했는데도 사람들이 몰라주고 이해하지 못한다면 '인부지이불온, 불역군자호'를 떠올리며 조금 더 나를 채우는 데 힘써보세요.

인생이 쉽지 않은 이유는 이러한 어려움을 피해 갈 수 없기 때문입니다. 하지만 그런 상황이 일어날 때마다 위의 세 구절을 떠올린다면 아무리 큰 문제와 역경이라도 의연하게 대처할 수 있을 겁니다. 그러면 언젠가 나를 너무 힘들게 했던 그 문제들이 아무것도 아닌 것처럼 느껴질 때가 올 거예요. 위 구절이 『논어』의 가장 대표적인 문장이 된 이유도 역시 우리가 인생에서 만나는 여러 문제와 변화를 어떻게 대처해야 하는지, 타인의 이해와 인정을 받지 못하는 상황에서 어떻게 해야 하는지를 먼저 알려주기 위함입니다. 결국 그 대응법을 한 글자로 정리하자면 바로 '즐거움'입니다.

공자의 가장 큰 장점이자 특징은 바로 '즐기는 자세'입니다. 그가 느끼는 기쁨과 즐거움은 겉으로 보기에만 그럴싸한, 표면적인 것이 아닙니다. 타인에게 강요하는 즐거움도 아니고 밑도 끝도 없는 긍정의 응원도 아닙니다.

중국의 유명 사상가 양수명 선생이 쓴 『양수명의 공자 수업』[6]에는 이런 구절이 나옵니다.

"공자가 누리는 즐거움의 핵심은 '자연스러움'이다. 그것은 누군가에게 강요할 필요가 없으며, 굳이 자신을 설득하려 애쓰지 않아도 된다."

공자가 생각하는 '불역락호' 속의 기쁨과 즐거움은 '저절로 우러나는 마음'입니다.

아무리 힘들고 어려운 일이라고 할지라도 그 속에는 저마다의 기쁨과 즐거움이 숨어있습니다. '즐기는 마음'으로 대하면 힘든 공부도, 버거운 협동도, 아무도 알아주지 않는 서러움도 눈 녹듯 사라지고 쉽게 해결할 수 있습니다.

지금 다시 앞 페이지로 돌아가서 이번 장의 첫 구절을 한번 읽어보길 바랍니다.

이 책을 읽는 동안 그 구절을 열 번 이상 마음속으로, 머릿속으로 되뇐다면 여러분의 인생은 이미 변화를 향한 첫걸음을 내디딘 것입니다.

공자는 중국 고대에 처음으로 사학[7]을 창시한 사람입니다. 전해지는 바에 따르면 그는 3천여 명의 제자를 두었는데 그중에서도 특별히 10명의 제자를 아꼈다고 합니다.

그중에는 행실이 어질고 너그러웠던 안연과 민자건, 염백우와 중궁이 있었고, 말재간이 뛰어났던 자아와 자공이 있었습니다. 또 정치적 능력이 뛰어나 관리직을 훌륭히 이행했던 염유와 자로가 있었으며, 문학적으로 실력이 출중했던 자유와 자하가 있었지요. 성격도, 재능도 모두 달랐던 그들은 각기 다른 방면에서 훌륭한 성과를 이뤄내 훗날 '공자의 10인의 수제자'라는 뜻의 '공문십철孔門十哲'이라는 칭호를 얻게 됐습니다.

모르는 것을 '모른다'고
말할 수 있는 용기

자왈^{子曰} "유①^由, 회여②지지호^{誨女知之乎}? 지지위지지^{知之爲知之}, 부
지위부지^{不知爲不知}, 시지③야^{是知也}"

공자가 말하길, "유야! 안다는 게 무엇인지 가르쳐주마.
아는 것을 안다고 하고, 모르는 것을 모른다고 하는 것이야
말로 진정으로 아는 것이니라."

....

① 유^由: 본명은 중유^{仲由}, 흔히 알려진 이름은 자로^{子路}, 기원전 542년
출생, 공자의 제자로 오랫동안 그를 따랐다.
② 여^女: 너 여^汝와 동의어, 너, 당신.
③ 지^知: 알다, 지혜롭다, 슬기롭다.

이번 장에서는 여러분에게 아주 '귀여운 인물', 자로를 소개해 보려고 합니다. 공자보다 아홉 살밖에 어리지 않았는데 귀엽다고 표현하니 조금 우습지만 그의 성격을 알고 나면 이해가 갈 겁니다. 자로는 매우 용맹스럽고 솔직하며 호탕하고 의협심이 강한 사람이었습니다. 사실 공자도 용맹함과 의협심에서는 누구에게도 뒤지지 않는 사람이었죠.

중국 역사학자 첸무 선생의 『공자전』에 따르면 '공자의 아버지는 아주 힘이 센 장사로 많은 사람을 구했다'라고 하는데 부전자전이라고 공자 역시 장대한 기골로 용맹함을 자랑했나 봅니다. 기록에 따르면 자로가 공자와의 싸움에서 패한 뒤 그를 스승으로 모시게 되었다고 합니다. 그런 공자가 자로를 가리켜 '그의 용맹함은 나를 뛰어넘는다'라고 말했다 하니 자로가 얼마나 의협심 넘치고 호전적 인물인지 알만합니다.

그런 자로에게 고쳐야 할 점이 하나 있었습니다. 바로 생각을 거치지 않고 마구 말을 뱉어버리는 습관이었죠. 영화에서도 보면 주로 의협심 강하고 불의를 참지 못하는 인물이 욱하는 성질에 일을 저지르는 경우가 많습니다. 공자도 자로의 그런 성격을 안타깝게 여겨 그를 불러 이렇게 이야기했습니다.

"중유야, 내가 너에게 한 말을 잊었느냐? 아는 것을 안다고 말하되, 모르는 것은 모른다고 인정할 줄 아는 것이 진정한 지혜다."

평소 밖에서 큰소리를 치거나 스승 노릇을 하며 사람들을 잘못된 길로 인도하는 자로의 행실을 못마땅하게 여긴 공자가 그에게 따끔한 충고를 한 것이었습니다.

자로의 행실을 탓할 때가 아닙니다. 우리도 사실 그런 경우가 많습니다. 사람들 앞에서 자신이 모르는 일을 정말로 모른다고 인정하는 것이 그리 쉬운 일은 아니거든요. 심리학 용어 중에 '더닝 크루거 효과Dunning-Kruger effect'라는 것이 있습니다. 인지 편향 중 하나인 이 현상은 능력이 부족한 사람일수록 자신의 부족함을 깨닫지 못하고 오히려 스스로를 과대평가하는 경우를 일컫습니다.

오랫동안 공자와 세월을 같이 한 측근 중 한 명으로서 자로는 많은 가르침을 받고 또 깨달음을 얻었을 것입니다. 그래서 호탕하고 솔직했던 그는 때때로 자신감이 가득하다 못해 넘쳐흘렀겠지요. '더닝 크루거 효과'에 빠졌던 그는 자신이 상황에 따라 무지할 수 있다는 사실을 잘 알지 못했을 겁니다.

Stay hungry, stay foolish.

계속해서 갈망하고 끊임없이 배우라.

스티브 잡스가 남긴 유명한 말입니다. 천재라고 알고 있는 애플의 CEO가 이런 말을 했다니 참 아이러니한데요. 그 역시 자신의 부족함을 채우기 위해 끊임없이 고뇌하고 공부하던 인물입니다. 이처럼 자신의 무지함을 인정하는 것은 그 자체로 엄청난 힘이 됩니다.

그런데 공자는 이미 2천 년 전에 스티브 잡스가 남긴 명언의 핵심을 '지지위지지, 부지위부지, 시지야'라는 구절로 가르쳐주었습니다.

1900년, 독일에서 개최된 물리학회에 당시 세계에서 내로라하는 쟁쟁한 물리학자들이 모두 참가했습니다. 그들은 당대 최고의 지식을 자랑하는 사람들이었죠. 그런데 그곳에서 유명 물리학자 캘빈이 했던 말은 경솔했던 자로의 행실과 어딘가 닮은 듯합니다.

"이론 물리학에는 이제 더 이상 밝혀낼 비밀이 없다. 우리는 그저 기존의 것을 조금 더 정확하게, 디테일하게 측량하고 계산하는 일만 하면 될 뿐이다."

그는 '물리학이라는 큰 빌딩은 이미 다 지어졌으며 이따금 그 주변에 한두 점의 먹구름이 떠다니는 현상만 제외하면 더는 연구할 것도, 설명할 일도 없다'는 식으로 말했습니다. 이 얼마나 오만한 발언인가요? 그가 그곳에서 정말 그런 말을 했는지 안 했는지에 관해서는 아직도 이견이 분분하지만, 분명한 것은 당시의 일부 과학자들이 물리학을 어떻게 이해하고 있었는지 알 수 있는 부분입니다. 심지어 물리학은 뉴턴이 이미 연구를 다 끝냈기 때문에 앞으로 연구할 것이 없다고 말하는 사람들도 있었습니다. 양자이론의 창시자인 독일의 물리학자 플랑크 역시 어릴 적, 물리학을 공부하려는 자신에게 '물리학은 더 이상 연구할 것이 없으니 다른 길을 생각해 보라'는 스승의 조언을 들었다고 합니다.

우리는 종종 제대로 다 알지도 못하는 상황에서 자신이 아는 것이 전부라는 착각에 빠집니다. 그래서 'stay foolish'의 상태에서 점점 멀어집니다.

인류의 역사를 살펴보면, 이런 일들이 우리의 성장과 발전을 가로막았던 사례들이 많습니다. 사람들은 잘못된 지식을 옳은 것이라고 철석같이 믿거나 그릇된 철학적 사실을 신뢰하기도 했습니다. 가령 천문학자 요하네스 케플러가 '케플러 법칙[8])을 발견하기 전까지 사람들은 그저 행성이 공 모양의 동그란 궤적을 따라 돌아간다고 믿었습니다. 하지만 케플러의 발견 이후 행성들이 서로 다른 크기의 타원 궤도를 따라 운행한다는 걸 알게 되었죠. 이는 매우 위대한 발견이자 인류 역사의 커다란 진보였습니다.

그런데 왜 과거의 사람들은 행성의 궤도가 동그란 모양으로 생겼다고 믿었을까요? 이는 아리스토텔레스의 시대와 연관 있습니다. 그 시대의 사람들은 이 세상에서 하늘과 우주야말로 가장 완벽한 곳이라고 생각했습니다. 그리고 그 우주에 속한 행성들 역시 완벽하고 아름다운 것이므로 모두 동그란 궤적을 따라 일정하고 균등하게 등속 운동[9])을 한다고 믿었던 것이죠. 갑자기 속도가 빨라지거나 느려지는 등 들쑥날쑥한 모습은 당시 사람들이 생각하는 아름다움과는 거리가 멀었기 때문이죠.

이렇듯 사람들은 '잘못된 사실'을 반박의 여지가 없는 철학적 사실로 규정하고 그것을 너무도 당연하게 신뢰했습니다. 누구나 한 번쯤 겪어봤을 겁니다. 대다수의 사람이 그렇게 인정하고 동의하는 상황에서 새로운 것을 발견해내서 반박한다는 게 얼마나 어려운지를 말이죠. 한번 왜곡된 사실은 웬만해서는 바로 잡기가 힘듭니다. 마치 엎질러진 물과 같죠.

SF 소설의 거장 류츠신의 『삼체』를 읽다가 어느 한 구절을 읽고 무릎을 탁 내리친 적이 있습니다.

"인류의 생존을 위협하는 것은 연약함과 무지가 아닌 오만과 자만이다."

자신의 무지함을 인정하는 사람에게는 희망이 있습니다. 모른다는 것을 인정할 때 성장할 기회가 주어지며 자신의 부족함을 알아야만 모든 지식을 겸손하고 신중한 태도로 대할 수 있기 때문입니다. 자신의 무지함을 깨닫지 못한 채 큰소리치며 득의양양한 사람이야말로 가장 어리석은 사람입니다.

사람의 부족함은 무지함에서 비롯하는 게 아닙니다. 자신이 무지하다는 걸, 자신이 모르는 게 많다는 걸 알아채지 못한다는 데서 시작되죠.

제가 여러분에게 다양한 책을 소개하고 또 제가 읽었던 책의 내용을 함께 공유하는 이유는 여러분의 '지적 결함'을 자극하기 위함입니다. 사실 어떤 대상에 관해 아무런 지식이 없을 때는 관심이나 흥미가 생기지 않습니다. 그것을 이해하고자 하는 마음이나 욕망이 아예 없기 때문이죠. 제가 종종 예를 들어 말하는 게 영국 프리미어리그입니다. 축구를 보지 않는 사람은 프리미어리그 중계 시간 따위에는 관심이 없습니다. 잘 모르니까요. 그런데 어떤 계기를 통해 프리미어리그의 재미를 발견했다면 그 후로는 완전히 달라집니다.

친구와 사이좋게 지내는 법, 선생님 혹은 부모님과 잘 소통하는 법, 학급 임원 일을 잘 감당하는 법 등 우리가 살면서 궁금해하는 여러 지식에 관해 어떤 친구들은 무조건 부딪쳐봐야 알 수 있다고 말합니다. 직접 겪어보지 않고서는 책에 나오는 내용은 그저 종이 쪼가리에 불과하다고 말하죠. 그런데 사실 책을 펼쳐보면 그게 아니라는 걸 알 수 있습니다. '책에 이런 게 나와 있었다고? 진작 읽어봤으면 좋았을 텐데…'라고 후회하는 사람들이 많을 거예요.

이것이 바로 제가 '지적 결함'을 자극하는 이유입니다.

공자가 자로에게 들려주었던 가르침은 사실 우리 모두를 향한 것이기도 합니다. 이를 통해 우리가 조금 더 용기 있게 자신의 무지함을 직면할 수 있게 도움을 준 것이죠. 무지함을 인정하는 것은 조금도 부끄러운 게 아닙니다. 그보다 더 부끄러운 것은 더 이상 배울 게 없다고 생각하는 자만심과 오만함입니다.

학문적 지식이 뛰어났던 공자는 당대 사람들에게 '성인'이라는 칭호를 받았습니다. 그랬던 그가 한번은 두 꼬마 아이 때문에 난처한 일을 만났습니다. 하루는 그가 산책하던 중 말싸움을 하는 두 꼬마를 보고 이유를 물었습니다. 그러자 그중 한 꼬마가 말했습니다.

"저는 태양이 아침에 막 떠올랐을 때는 우리랑 가까이 있다가 오후가 되면서 점점 멀어지는 것 같은데 얘는 자꾸만 아니라고 우겨요. 아니, 생각해 보세요. 태양이 막 떠올랐을 때는 물 위에 떠 있는 배처럼 엄청 커 보이잖아요? 그렇지만 오후가 되면 접시처럼 점점 작아진다고요. 가까이 있으면 크게 보이고 멀리 있으면 작게 보이니까 그런 거 아니에요?"

그러자 나머지 한 꼬마가 답답하다는 듯 말했습니다.

"무슨 소리야! 아침에 태양이 막 떠올랐을 때는 아직 시원하잖아. 그런데 오후가 되면서 점점 뜨거운 물에 손을 담그고 있는 것처럼 세상이 더워진다고. 선생님, 그건 불 옆에 가까이 있으면 덥고 멀리 있으면 시원해지는 거랑 똑같은 거 아니에요?"

공자는 아이들의 질문에 쉽게 대답하지 못하고 머뭇거렸습니다. 그런 그를 보며 아이들이 어이없다는 듯 물었죠.

"아니 근데 대체 누가 아저씨더러 똑똑하다고 그래요?"

공자처럼 위대한 학문의 대가일지라도 모든 방면에 능통할 수는 없다는 걸 알려주는 일화입니다. 공자는 그 자리에서 '결정하기 어렵다'는 말로 자신의 무지를 인정했다고 합니다.

낮은 자세로
당당히 질문하는 단단한 내면

자공문왈子貢問曰 "공문자孔文子, 하이①위지문야何以謂之文也?"
자왈子曰: "민이호학敏而好學, 불치하②문不恥下問, 시③이위지문야是
以謂之文也."

자공이 공자에게 물었다.
"공문자는 어떤 연유로 문文이라는 호를 받게 되었습니까?"
이에 공자가 말했다.
"그는 영민하고 배우기를 좋아하며 아랫사람에게 묻는 것을
부끄러워하지 않았다. 그리하여 문文이라는 호를 받게 된 것
이다."

....

① 이以: 개사介詞, ~을 근거로, 어째서, 왜.

② 하下: 자기보다 지위가 낮은 사람을 비유하여 이름.

③ 시玆: 대명사, 이러한 일.

공자의 제자인 자공은 평소에 질문을 즐겨 하는 사람이었습니다. 한번은 춘추시대 위나라의 관료였던 공어가 죽은 뒤에 왜 '문文'이라는 시호[10]를 얻게 되었는지에 관해 스승인 공자를 찾아와 물었습니다.

그 당시 '문'은 일반 사람에게는 시호로 잘 사용하지 않았기 때문입니다. 중국 고대 주나라의 초대 왕이었던 주문왕에게 '문왕文王'이라는 시호가 달린 것을 보면 알 수 있지요. 고서에는 '문'을 '세상을 다스릴 만한 능력 또는 그런 능력을 지닌 인물'이라고 묘사하고 있습니다. 다시 말해 이런 위대한 능력을 지닌 사람에게만 '문'이라는 특별한 시호를 부여한다는 의미였죠. 공어가 세상을 떠난 뒤에 '문'이라는 시호를 하사받았다는 사실을 알게 된 자공이 공자를 찾아와 그 이유를 묻자 공자는 이렇게 대답합니다.

"그는 영민하고 배우기를 좋아하며, 아랫사람에게 묻는 것을 부끄러워하지 않았다. 그리하여 '문'이라는 호를 받게 된 것이다."

춘추시대 때 공어는 공자와 조정에서 함께 일한 적이 있었습니다. 당시 공자는 위나라의 고문을 맡았었죠. 그는 공어를 가리켜 "본래 총명하고 학식이 뛰어난 사람이며 배우기를 즐겨 하지만 모르는 것이 있으면 아랫사람에게도 서슴지 않고 가르침을 청했다."라고 말합니다.

이게 뭐 그리 대단한 일이라고 왕에게나 부여하는 시호를 붙였을까 의문이 들지요? '부끄러워하지 않고 질문하는 것'은 쉬워 보이지만 실제로 해 보면 그렇지 않다는 걸 알 수 있습니다. 그건 내면이 단단한 사람만이 할 수 있는 일이거든요. 사실 공자가 자공에게 해 준 이 말에는 뼈가 있습니다.

자공은 공자를 제외한 다른 사람의 말을 잘 듣지 않았습니다. 당시 자공은 뛰어난 비즈니스맨으로 지위가 매우 높았을 뿐 아니라 학문도 뛰어난 사람이었습니다. 공자가 세상을 떠난 뒤 심지어 자공이 그의 뒤를 이어야 한다고 말하는 사람이 있을 정도였으니까요. 물론 그 사람은 자공에게 호되게 혼이 나긴 했습니다. 자공은 공자를 공경하고 추앙했습니다. 그래서 종일토록 공자 곁을 맴돌며 오직 공자에게만 이런저런 질문을 끊임없이 했습니다. 그런 그에게 공자는 진심을 담아 충고해 주었던 것입니다. 바로 이렇게 말이죠.

'자공아, 다른 사람에게 먼저 물어봐도 좋다. 설령 학식이 너보다 낮은 사람일지라도 세상의 모든 사람은 배울 점이 있단다.'

공자는 자공이 지위 고하를 막론하고 누구에게나 질문해서 지혜와 학식을 얻기를 바랐습니다. 진심으로 무언가를 배우고자 하는 마음이 있다면 자존심 따위는 아무것도 아닙니다. 학교도 제대로 나오지 않은 벽촌의 농사꾼일지라도 사계절을 읽는 지혜와 곡식이 영그는 과정은 그 누구보다 잘 알고 있습니다. 우리가 배워야 하는 지식과 지혜는 다만 책에만 나와 있는 것이 아닙니다. 세상 만물을 깨닫는 이치는 어디서든 배울 수 있습니다.

육포 10장으로
교육의 평등화를 실천했던 공자

자왈子曰 "자행속수①이상自行束脩以上, 오미상무회②언吾未嘗無誨焉."
공자가 말하길, "속수의 예를 행한 사람이면 내가 가르치지 않
은 적이 아직 없다."

....

① 속수束脩: 말린 고기 한 다발, 보통 한 다발에 10개 정도로 고대에
는 일종의 선물로 활용됨.
② 회誨: 가르치다, 지도하다.

냉장고가 없던 옛날에는 고기를 먹는 일이 쉽지 않았습니
다. 돼지 한 마리를 도살하면 1년 정도를 먹어야 했는데 보관
을 위해서는 고기를 말려야만 했지요. 공자가 받은 고기가 당

시 얼마만큼의 값어치였는지는 알 수 없지만, 뉘앙스를 보면 분명히 그리 비싼 건 아니었을 겁니다. 그렇지만 일반 백성들이 고기를 먹는 건 드문 일이었습니다.

공자는 "달랑 육포 몇 장만 가져올지라도 누구든 배울 수 있다."라고 말했습니다. 즉, 상대가 범죄를 저질렀건 천한 신분 출신이건 상관없이 모두 제자로 받아준다는 뜻이죠. 공자는 제자들을 부자와 가난한 사람, 신분의 높고 낮음으로 구분하는 일이 없었습니다. 실제로 공자의 제자는 왕실의 귀족이나 대신에서부터 장사꾼이나 심부름꾼, 감옥에서 막 출소한 전과자나 장애를 가진 사람 등 다양했습니다. 공자가 대단하다는 평가를 받는 이유도 바로 이 때문입니다. 그는 '차별 없는 교육'의 포문을 활짝 연 사람입니다.

사실 공자 이전 시대까지만 해도 귀족 출신의 자제들만 교육을 받고 글을 읽고 쓸 수 있었습니다. 하지만 공자는 '프로메테우스[11]의 불씨'를 일반 사람들에게 퍼뜨림으로써 대중들도 글을 읽고 예법을 배울 수 있게 했습니다. 이는 실로 대단한 일이었죠.

지금처럼 의무교육과 평생교육이 보편화된 시대에는 교육 관련 전문가를 어디서든 쉽게 찾을 수 있습니다. 따라서 의지가 있는 사람이라면 꼭 명문대학이 아니더라도 어디에서든 자신이 원하는 것을 배울 수 있습니다. 소위 명문대학의 입시 경쟁률이 높은 이유는 그 대학에 가고자 하는 우수한 학생이 워낙 많고 사회에서 인재 등용을 위해 그 학생들을 원하기 때문일 뿐, 꼭 그 학교에 가야만 좋은 배움을 얻을 수 있어서가 아닙니다. 다시 말해 해당 대학의 학생들 외에도 모든 사람에게는 배움의 기회가 공평하게 주어진다는 이야기죠. 배움을 향한 개인의 열정과 에너지는 많은 요소의 영향을 받습니다. 그렇기 때문에 누군가는 명문대 진학을 목표로 공부하지만, 누군가는 그렇지 않을 수도 있습니다.

이렇듯 '누구든 편안하게 배울 수 있는' 공자의 교육 철학은 기존의 전통을 완전히 뒤집었습니다. 배우고자 하는 사람이라면 육포 10개만 내고 교육을 통해 점점 능력 있는 사람이 될 수 있었고 나아가 사회 발전을 위해 더 크게 기여하는 사람으로 거듭났습니다.

그렇다면 '공짜로 가르쳐줘도 될 것을 굳이 왜 학비를 받으려고 했을까?'라는 의문을 품는 사람들이 있을 수 있습니다. 중국의 유명 문화학자 난화이진 선생은 이에 대해 "바로 이런 점이 공자가 야심이 없는 사람이었음을 드러낸다."라고 말했습니다.

공자의 제자는 3천 명에 달했습니다. 당시 사회 환경을 고려하면 매우 강력하고도 큰 힘이었죠. 생각해 보세요. 주변에는 총인구수를 다 합쳐야 몇만 명밖에 되지 않는 국가들이 존재했습니다. 그런 상황에서 공자를 깊이 신뢰하고 따르면서 재능까지 갖춘 사람들이 무려 3천 명이나 됐으니 충분히 '위협적'이라고 할 수 있었죠. 만일 공자가 딴마음을 먹고 반역이라도 일으킨다면 노나라는 감당해내기 힘들었을 겁니다. 그래서 공자는 더 명확하게 선을 그은 것입니다.

"저는 권력에 욕심이 없습니다. 저는 그저 돈을 받고 학생들을 가르치는 일을 할 뿐입니다."

이로써 그는 정치가들을 안심시키는 동시에 자신과 제자들이 가진 힘은 정치적 힘이 아니라 교육적 힘이라는 메시지를 전달했습니다. 공자는 춘추전국 시대에 지식을 얻기 위해서는 그만큼의 돈을 지불해야 한다는 일종의 비즈니스 모델을 만들었습니다. 이는 중국 민족사에 엄청난 기여를 했지요.

프랑스 영화 「코러스」에는 소년원 같은 기숙사 학교에 발령받은 임시직 교사 마티유가 등장합니다. 사실 이 학교의 학생들은 다른 학교에서 모두 입학을 거절당한 문제아들로 저마다 복잡한 사연들을 가지고 있었습니다. 마티유는 한때 자신이 사랑했지만 외면하고 있었던 음악으로 조금씩 닫혀있던 아이들의 마음을 열어 그들을 교육하고 긍정적인 방향으로 성장하도록 도와줍니다. 이 영화는 아주 감동적인 작품이어서 아이들을 가르치는 교사라면 한 번쯤은 모두 보았으면 하는 바람입니다.

진정으로 학생을 '가르치는' 교사라면 가정환경이나 기타 조건에 근거해서 학생을 구분 짓지 않아야 합니다. 하지만 개중에는 성적이 부진한 학생에게 "너는 이 성적으로 대학 진학은 꿈도 못 꿔."라고 압박하는 사람들도 있습니다. 이런 무책임한 발언은 교사의 입에서는 절대 나와서는 안 될 말이라고 생각합니다. 진짜 선생이라면 무슨 수를 써서라도 그를 잘 지도해 주고 이끌어주어야 합니다. 학급의 평균점수를 떨어뜨린다고 해서 차별해서도 안 됩니다.

교육계에 종사하는 모든 사람이 공자처럼 '차등 없는 교육'의 문을 활짝 여는 데 힘을 보태서 더 많은 사람이 배움을 얻고 성장할 수 있었으면 좋겠습니다.

고대에는 '속수' 말고 또 무엇으로 학비를 대신했을까요? 중국 교육사의 시작은 하 왕조까지 거슬러 올라갑니다. 당시 학교는 '상庠'이라고 불렸는데 학비는 국가에서 전담했기 때문에 학생은 돈을 한 푼도 낼 필요가 없었습니다. 그러나 하 왕조 때는 귀족의 자제들만 학교에 다닐 수 있었고 이러한 제도는 서주 시대까지 이어졌습니다. 공자의 시대에 이르러서야 일반인들에게 교육의 기회가 주어졌지요.

초창기의 학비는 실물 거래 위주였습니다. 공자는 '육포'를 받긴 했지만 다른 사학에서는 학비의 액수나 가치에 관해 명확한 규정이 없었습니다. 부유한 학생은 조금 더 많이, 형편이 어려운 학생은 조금 덜 내는 식이었죠. 식량이나 종이, 먹과 벼루 등이 주를 이루었습니다.

송나라에 이르러 관학이 더 큰 규모로 발전했지만 학생의 출신을 제한하여 관료의 자제들이나 부유층 자제들만 학교에 들어갈 수 있었습니다. 문관[12]을 중시하고 무관[13]을 경시했던 송 왕조는 관학 학생들의 학비를 전면 면제해 주는 것은 물론 먹을 것과 입을 것까지 책임져 주었고 심지어 매달 국가에서 보조금을 지급해 주기도 했습니다.

하루 한 가지,
작더라도 옳은 깨우침을 얻는 지혜

자왈子曰 "조①문도②朝聞道, 석사가의夕死可矣!"

공자가 말하길, "아침에 도를 깨우치면 저녁에 죽어도 좋다."

....

① 조朝: 아침.
② 도道: 도리, 진리.

    공자는 아침에 세상의 진리인 '도'에 관한 이치를 깨우치면 저녁에 죽어도 좋다고 말했습니다. 공자가 '도'에 대해 얼마나 진지한 태도로, 또 얼마나 절실한 열망으로 원했으면 죽음과 맞바꿀 정도라고 이야기했을까요?

이 구절에는 엄청난 힘이 있습니다. 공자는 짧지만 강렬한 이 문장을 통해 우리가 '무거운 육신'을 어떻게 바라보아야 하는지를 가르쳐주었습니다. 사실 우리가 살아가는 목적, 우리가 살아가면서 바라봐야 할 것은 건강함이나 튼튼한 몸과 같은 것이 아닌 진리 혹은 도리, 세상의 이치입니다. 이것이 우리가 진정으로 추구해야 할 중요한 삶의 목표이자 목적인 겁니다.

'진리를 깨달을 수만 있다면 육신은 버려도 좋다'고 한 공자의 말은 아인슈타인의 삶과도 닮아있습니다. 아인슈타인은 인생 말년에 우주의 공식을 연구하는 데 매진했습니다. 그는 실제로 공자가 말한 '조문도, 석사가의', '아침에 도를 깨우치면 저녁에 죽어도 행복한 삶'을 살아낸 사람입니다. 아인슈타인은 죽기 전에 이 세상과 우주가 돌아가는 법칙을 'E=mc2'와 같은 공식으로 정리해내고 싶어 했습니다. 정말 그렇게만 할 수 있다면 그는 그 자리에서 당장 죽는다고 해도 기쁘게 눈을 감았을 것입니다. 하지만 안타깝게도 지금 시대에는 진리를 깨닫기가 쉽지만은 않아 보입니다. 나아가 그것을 위해 기꺼이 자신의 인생을 포기하는 사람들도 찾아보기 힘듭니다.

그렇다면 현대 사회에서 진리를 추구한다는 것은 어떤 의미일까요? 우리는 어떻게 진리를 깨달아야 할까요?

군자모도불모식君子謀道不謀食

군자우도불우빈君子憂道不憂貧

위 구절은 공자가 한 말로 '군자는 도를 추구하지 먹을 것을 추구하지 않으며, 군자는 도를 걱정하지 가난을 걱정하지 않는다'는 뜻입니다. 오로지 돈만 신경 쓰며 살아가는 사람은 당장 자신의 경제적인 상황에만 얽매일 수밖에 없습니다. 그런 사람들이 마음속으로 떠올려야 할 문장이 바로 '군자우도불우빈'입니다. 공자는 사람은 살면서 돈의 많고 적음이 아닌 자신의 삶이 도리에 어긋나는지 아닌지를 걱정하고 신경 써야 한다고 가르쳤습니다.

'군자모도불모식'은 '매일 한 푼이라도 더 벌기 위해 자신을 혹사하지 않아도 된다는 가르침'입니다. 돈보다는 어떻게 해야 도리를 지키며 살아갈 수 있는지, 또 어떻게 해야 올바르고 정의로운 일을 할 수 있는지를 고민하라는 것이죠.

요즘 젊은 친구들도 이런 삶을 살고자 노력하는 모습을 보입니다. 일에 자신의 삶을 모두 몰입하지 않고 정신적인 행복과 만족을 위해 적당히 일과 생활에 균형을 이루면서 사는 워

라벨의 라이프스타일을 추구하죠. 참 멋진 삶입니다.

　그런데 공자가 죽음과 맞바꿀 정도로 중요하게 여기는 '도道'
는 과연 무엇일까요?

　'도' 역시 '큰 것'과 '작은 것'으로 나눠서 생각해 볼 수 있습니
다. 먼저 '작은 도'는 무엇일까요? 자전거 수리를 예로 들어봅
시다. 별것 아닌 것처럼 보이는 그 일도 사실 나름의 법칙이
있습니다. 초등학교 시절, 저는 종종 자전거를 직접 손보곤 했
습니다. 처음에는 제대로 잘하지 못해서 우왕좌왕했지만, 시
간이 지나면서 손에 익숙해지자 작은 부품들은 가볍게 분해
하고 조립할 수 있는 수준이 되었습니다.

　'작은 도'를 깨우치는 과정도 이와 같습니다. 인생의 작고 사
소한 것들이 세심한 관찰과 관심을 더해 하나의 완성을 이루
는 모습이지요.

　그럼 '큰 도'란 어느 정도의 수준까지 말할 수 있는 걸까요?
여기서는 순자가 말했던 '천행유상天行有常'을 적용해 볼 수 있습
니다. 즉, '법칙이나 도가 없다면 모든 것이 혼란에 빠지지만
그것이 존재하기 때문에 우주는 자연스럽고 조화롭게 운행되
고 있다'는 겁니다.

　한 국가나 학교, 한 도시나 한 가정, 심지어 한 개인의 아주

작은 기능에 이르기까지 모든 만물의 발전과 성장 과정에는 그만의 '도道'가 존재합니다.

학생의 신분인 여러분에게 '도를 깨우치는' 과정이란 공부의 규칙과 방법을 깨닫고 원하는 꿈을 이뤄 인생을 멋지게 살아가는 것일 겁니다.

당나라 시인 한유의 『사설』에는 '도를 깨닫는 것에는 먼저와 나중이 있고聞道有先后, 기술을 익힘은 그것에 정통한가에 달려 있다術業有專攻'라는 구절이 나옵니다. 이를 토대로 생각해 보면 우리는 수시로 계속해서 '도를 깨우쳐야' 하는데 여기에 다시 공자의 '조문도, 석사가의'를 적용한다면 이미 수시로 도를 깨우친 사람의 인생은 진즉에 끝나고도 남아야 하는 것이 아닌가 하는 의문이 들 수도 있습니다.

대답부터 하자면 물론 아닙니다. 도에 크고 작음이 있을지언정 '도'를 깨우치는 것에는 완성이 없습니다. 누구도 그것을 전부 깨달을 수는 없기 때문이죠. 과학의 한 분야에서 어느 정도 연구 성과를 거두었다면 또 다른 과학의 분야에서 성과를 거두고 그렇게 자신의 '깨달음'의 범위를 조금씩 넓혀가는 것뿐이지요.

그런데 이것은 지금 젊은이들 사이에서 유행하는 가치관과는 다소 거리가 있습니다. 중국에서 요즘 유행하는 인터넷 밈 [14]Meme 중 하나가 바로 '걱정을 해결할 수 있는 건 오직 벼락부자가 되는 것뿐'입니다. 개중에는 복권에 당첨되거나 살던 집이 재개발되어 큰돈을 벌어야 인생이 즐거워질 수 있다고 믿는 이들이 많습니다. 한마디로 '인생 한방'을 노리는 것이죠. 하지만 사실 그런 종류의 기쁨은 얼마 가지 않아 사그라져 버리고 맙니다. 나보다 돈이 많은 사람이 세상에 수두룩하다는 걸 금세 발견하게 되고 많아 보이던 돈도 쓰다 보면 순식간에 사라지고 말 테니까요. 그렇게 되면 행복지수는 다시 떨어지고 말 겁니다.

그래서 중국의 대문호 '루쉰' 선생은 선견지명의 시선으로 이런 말을 남겼습니다.

> "젊은이들이여, 현실의 냉혹함에 좌절하지 않았으면 한다. 하늘을 향해 날개를 펴라. 자포자기식의 말은 귀담아듣지 마라. 할 수 있는 일은 최선을 다해서 하고, 낼 수 있는 목소리는 힘껏 내도록 하라. 보잘것없는 열정 한 가닥일지라도, 가느다란 빛 한 줄기일지라도 어둠 속에서는 밝게 빛난다. 횃불을 기다릴 필요 없다. 내가, 당신이 바로 유일한 빛이며 횃불이다."

루쉰 선생이 남긴 말은 지금 시대에 촉망받는 가치관과는 선명한 대조를 이룹니다. 하지만 이것이야말로 우리가 추구해야 하는 인생의 커다란 가르침이자 깨달음입니다.

우리는 자꾸만 행복을 외부의 사물이나 환경에서 찾으려고 합니다. 하지만 외부적인 환경이나 조건을 바꾸면 삶을 변화시킬 수 있을 거라는 생각은 매우 어리석은 착각입니다. 외부에서 얻어지는 행복감은 결국에는 신기루처럼 사라지기 때문이죠. 내면에서 우러나오는 진정한 기쁨과 행복을 맛보고 싶다면 공자가 말했던 '조문도, 석사가의'의 태도로 인생을 살아야 합니다.

이러한 경지에 오를 엄두가 나지 않는다면 '그런 척'이라도 한번 해 보세요. 자신이 없는 사람은 매우 자신감 있는 척 연기를 하면서 스피치 대회에도 나가고 학급 행사도 이끌어보는 겁니다. 행동으로 자신감을 표현하다 보면 어느새 점점 내면에서 우러나오는 진정한 자신감을 발견하게 될 것입니다.

설령 지금 당장 도를 깨우치지 못했다고 할지라도 '깨달음'을 목표로 삼고 정진하는 것이 돈과 즐거움만 좇는 사람의 인생보다 훨씬 나을 것입니다. '조문도, 석사가의'는 '수련하는 삶의 태도'입니다. 따라서 이것을 목표로 삼을 때 비로소 깨달음을 향해 실천하고 움직이는 인생을 살아갈 수 있습니다.

물론 그 과정에서 수많은 시행착오를 겪을 거예요. 하지만 결과에 연연하지 않아도 됩니다. 방향만 잘 찾아가면 됩니다. 그러면 공자의 가르침이 여러분의 삶에 그대로 나타날 겁니다.

"깨우침을 향해 나아가는 사람은 무슨 일을 하든지 즐겁다. 설령 평생 뜻을 펼치지 못하더라도 평생 자족하며 살 수 있다."

이것이 바로 그가 강조했던 바입니다. 어쩌면 지금 사회에서는 공자의 가르침대로 살아가는 게 어렵다고 느껴질 수 있습니다. 하지만 괜찮아요. '조문도, 석사가의'의 가르침에 동의한다면 설령 '그런 척' 살아가는 삶이라고 할지라도 최소한 마음속에는 진리를 향한 경외심이 있기 때문입니다. 그리고 그 사람의 삶은 점점 깨달음을 향해 나아갈 수 있으니까요.

조심해야 할 것은 방향성입니다. 일단 방향이 한 번 틀리면 아무리 애를 써도 소용이 없거든요. 그러면 많은 걸 얻는다고 해도 평안함과 즐거움을 느끼지 못할 수 있습니다.

중국 고대의 위대한 사상가이자 정치가, 교육가이자 유가 학파의 창시자였던 공자는 일생 동안 진리를 추구하는 삶을 살았습니다. 그가 펼친 이상은 다음과 같이 나누어 정리해 볼 수 있습니다.

- 교육의 보편화 사학의 창시자인 그는 3천여 명의 제자를 가르쳤고 그중에는 뛰어난 72인의 현인들이 포함되어 있습니다. 그는 학교 교육을 독점하는 귀족들의 풍토를 깨부수고 평민들도 두루 교육받을 수 있도록 하였습니다. 또 제자들의 개인적인 상황에 따라 각기 다른 방식을 적용함으로써 품행과 행실, 언어와 정치, 문학 등 여러 분야에서 각각의 인재를 양성했습니다. 공자는 평생교육 활동에 몸 바친 '참 선생'이었습니다.

-덕정의 선도화 공자는 덕으로 정치를 해야 한다는 뜻의 '위정이덕爲政以德'을 주장했습니다. 그는 도덕과 예절로 나라를 다스리는 것이야말로 가장 고상하고 품위 있는 치국의 방도라고 생각했지요.

어지럽고 혼란한 시대에 살았던 그는 자신이 주장하는 정치법을 쉽게 펼치기 힘들었습니다. 그러나 노나라를 다스리던 3개월 동안 강대국이었던 제나라가 공자의 재능을 알아보고 그를 두려워했죠. 그는 걸출한 정치가이기도 했습니다. 자신의 욕망을 누르고 도덕을 중시하던 그는 늘 다른 사람에게 도움을 베풀고 진실함과 관용으로 대했습니다. '내가 하기 싫은 일을 남에게 강요하지 말라', '군자는 다른 사람의 좋은 점을 이루도록 도와주지, 나쁜 점을 이루도록 도와주지 않는다', '자기 자신은 심하게 꾸짖되 남은 크게 책망하지 말라' 등이 모두 그가 강조하는 사람의 됨됨이었으며 이는 후세에 깊은 영향을 주었습니다.

배움에 민첩하면
누구나 공자가 될 수 있다

자왈子曰 "아비생이지지지자我非生而知之者, 호고好古, 민①이구지자야

敏以求之者也."

공자가 말하길, "나는 태어날 때부터 지식이 있는 사람이 아니다. 그저 옛것을 탐구하고 공부하는 걸 즐기며 배우는 데 부지런한 사람일 뿐이다."

....

① 민敏: 부지런하고 민첩하다.

"당신은 성인이잖습니까. 우리 같은 보통의 사람들은 절대 당신을 따라잡을 수 없습니다."

어딘가 훌륭하고 뛰어난 사람을 신처럼 떠받드는 걸 좋아했던 그 시대에 공자는 사람들에게 이런 얘기를 종종 들었습니다. 모차르트를 떠올리면 비슷한 생각을 하는 사람들도 많을 겁니다. 그의 피아노 실력에 관해 얘기하면 대부분이 "그 사람하고 우리를 어떻게 비교해요. 그는 천재였잖아요. 다섯 살 때부터 곡을 썼는걸요."라고 말할 거예요. 베토벤이 뛰어난 음악가라고 얘기하면 누군가는 분명히 이렇게 답할 겁니다.

"천재였잖아요. 우리랑은 다르죠."

사람들은 누군가 뛰어난 장점이나 특기가 있으면 그건 원래부터 타고난 재능이라고 치부합니다. 그것으로 자신에게 일종의 변명의 구실을 마련하는 셈이죠.

왜 그럴까요? 사람들은 자신이 꿈꾸는 자아와 현실 속 자아 사이의 괴리감이 있는 걸 괴로워합니다. 자신이 꿈꾸고 그리는 자신의 모습과 현실이 일치하지 않을 때 불편한 감정이 생기기 때문이죠. 나는 내가 꽤 피아노 연주에 재능이 있다고 생각하는데 대체 왜 리스트처럼 연주하지 못하는지, 남들은 다 나를 칭찬하는데 왜 나는 드보르작이나 차이코프스키처럼 작곡하지 못하는지, 그들이 어려서부터 한 걸 대체 나는 왜 못하는지가 너무 억울하고 분하고 속상한 겁니다.

이럴 때 사람들은 어떻게 할까요? 변명 거리를 찾습니다. '그들은 천재이고 나는 범재이기 때문'이라고요. 하지만 많은 사람이 수준 높은 피아노 연주를 하지 못하는 진짜 이유는 타고난 재능이 없어서가 아니라 그만큼 전문적인 훈련을 오랫동안 하고 싶지 않기 때문입니다.

연습은 싫으면서 이상과 현실 사이의 괴리감이 생기는 건 용납하지 않으니까 할 수 있는 거라고는 핑곗거리를 찾는 거예요.

"모차르트는 배워서 그렇게 된 게 아니에요. 그 사람은 몇백 년에 한 번 나올까 말까 한 천재라고요."

이런 식으로 일종의 '신성'한 타이틀을 붙여놓고 위안을 얻고 안심을 하는 겁니다. 하지만 모차르트는 정작 자신이 천재라고 생각하지 않았어요. "누구라도 나처럼 연습하고 노력하면 나처럼 연주할 수 있다."라고 말했습니다.

공자 역시 자신은 천재가 아니라고 생각했습니다. 공자는 자신을 가리켜 "나는 태어날 때부터 지식이 있는 사람이 아니다."라고 말했지요. 하지만 제자들을 비롯한 사람들은 그가 천재이길 바랐습니다. 그래야만 나는 공자처럼 살지 않아도 되고, 그의 가르침을 따르기 위해 노력하지 않아도 되니까요.

그래야만 이상과 현실 속 자아 사이의 괴리감을 메울 수 있어서 마음이 편하니까요. 이것이 바로 사람들이 종종 출중한 이들에게 '성인'이라는 이름표를 달아주는 이유입니다.

공부 잘하는 학생들을 보면서 '쟤는 원래부터 똑똑한 아이'라서 그렇다고 말하는 친구들이 있을 겁니다. 심지어 어떤 부모는 자기 자식을 보며 "우리 애는 어릴 때부터 남달랐어요. 그래서인지 지금도 공부를 참 잘해요."라고 말하기도 하죠. 그런데 이런 말과 생각은 그 사람이 그만한 결과와 성공을 거두기까지 쏟은 모든 노력을 무시하는 것과 다름없습니다.

사실 모든 사람에게 주어진 건 비슷비슷해요. 심지어 공자 같은 사람조차 자신은 '태어날 때부터' 지식이 있던 게 아니라고 말하잖아요. 그런데도 만일 뛰어난 사람들을 보면서 그게 모두 '타고난 재능' 덕분이라고만 지나치게 강조한다면 여러분은 앞으로 나아갈 동력을 잃고 말 겁니다.

조금 더 용기를 가지세요. 그리고 자신을 믿어보세요. 공자가 했다면 우리도 충분히 할 수 있습니다.

명나라의 위대한 사상가 왕양명은 열여덟에 강서에서 대학자 루량을 만났습니다. 루량이 그를 보고 대번에 했던 말은 '인생의 방향을 바꾸라'라는 것이었죠. 그는 '사람은 배움을 통해 공자와 같은 성인의 경지에 도달할 수 있고, 노력하기만 하면 누구든 현인이 될 수 있다'는 말로 왕양명의 용기를 북돋아 주었습니다.

혹시 여러분 주변에도 뛰어난 사람들이 있나요? 만일 그들에게 단순히 '천재', '신동' 등의 타이틀을 붙여주고 다른 카테고리의 사람으로 분류해 버린다면 그건 사실 자신에게 일종의 핑곗거리를 찾아주는 거나 다름없어요. '그들은 애초부터 나와 다른 사람'이라고 생각하면서 노력하지 않을 테니까요. 그러면 내가 아무리 뛰어난 재능을 가졌을지라도 결국 그걸 펼쳐보지 못한 채로 지루하기 그지없는 삶을 살게 될 거예요.

공자는 '아비생이지지자我非生而知之者'라고 말하며 제자들에게 자신은 태어날 때부터 지식 있는 성인이나 모든 걸 아는 천재가 아니었다는 걸 강조합니다. 이어서 그는 '호고好古, 민이구지자야敏以求之者也'라고 말합니다. '호고好古'는 '배움을 좋아하고 공부하는 걸 즐기는 상태'로 공자는 선인들의 경험을 교본 삼아 공부하고 교훈을 얻었습니다.

앞서 공자가 공문자를 가리켜 '그는 영민하고 배우기를 좋아하며敏而好學, 아랫사람에게 묻는 것을 부끄러워하지 않았다不恥下問'고 말했습니다. 공자는 무언가를 배울 때는 영민하고 부지런하며 주동적이고 능동적이어야 한다고 강조합니다. '민이구지자야敏以求之者也', '배우는 데 부지런한 것' 역시 이러한 학구적 자세라고 볼 수 있지요.

만일 이 글귀를 더 깊이 깨닫고 싶다면 『1만 시간의 재발견』이라는 책을 읽어보길 바랍니다. 책에는 모차르트나 파가니니 등 천재들의 예화가 등장하는데 그들은 모두 하나같이 피나는 노력과 훈련을 통해 성과를 거두었다는 이야기가 나옵니다. 2500년 전, 공자가 우리에게 남긴 가르침도 동일한 이치입니다.

공자는 사람을 다음의 몇 가지 단계로 분류했습니다.

먼저 가장 높은 단계에 있는 사람은 태어나면서부터 아는 사람(생이지지자상야生而知之者上也)으로 '성인'이라 부를 수 있으며, 그다음으로는 배워서 아는 사람(학이지지자차야學而知之者次也), 그다음은 곤경에 처해야 비로소 배우는 사람(곤이학지우지차야困而學之又其次也), 마지막은 곤경에 처해도 배우지 않는 사람(곤이불학困而不學)이라고 합니다. 그는 문제에 직면했음에도 배우지 않는 사람의 삶은 매일 고통의 연속이며 늘 누군가를 원망하고 슬픔에 휩싸일 수밖에 없다고 지적했습니다.

그러나 공자는 태어날 때부터 지식을 지닌 사람이 있을 수는 있으나 자신은 살면서 단 한 번도 그런 사람을 본 적이 없다고 말합니다. 만일 존재한다면 중국 전설에 등장하는 제왕인 요나 우가 해당한다고 생각했습니다. 그는 세상을 떠난 사람들에게는 비교적 관용적인 자세로 대했습니다. 그들에게는 성인이나 인인仁人 등의 칭호를 종종 사용했습니다.

하지만 그는 살아있는 사람들에게는 그런 칭호를 잘 붙이지 않았습니다. 더군다나 자신은 사람들이 말하는 성인이 아니라고 늘 강조했죠.

저는 이번 장을 통해 여러분이 더욱 부지런히 옛것을 탐구하고 선인들의 경험을 배움으로써 교훈을 얻을 수 있었으면 좋겠습니다. 남들이 말하는 뛰어난 사람들은 타고난 천재이기 때문에 나는 절대 그들이 다다른 경지에 가까워질 수 없다는 어리석은 생각은 거두길 바랍니다.

어릴 적 어머니를 일찍 여읜 공자는 삶의 무게를 오롯이 혼자 짊어져야 했습니다. 생계를 위해 그는 관리들의 창고지기나 가축 관리 등의 일을 하면서도 지식을 탐구하는 일을 게을리하지 않았습니다. 틈만 나면 그는 책을 읽었고 다 읽으면 여기저기서 다른 책을 빌려서 읽고는 했습니다. 지식의 바다에서 유유히 헤엄치고 있노라면 삶의 고단함이 눈 녹듯 사라지는 걸 경험했고 지식이 쌓이는 즐거움까지 맛볼 수 있었죠.

훗날 그가 했던 말을 빌려서 말하자면 그는 가난해도 즐거운 '빈이락貧而樂'의 삶을 살았습니다. 비록 귀족들처럼 정규교육은 받아본 적 없는 그였지만 늘 배우는 자세로 옛것을 부지런히 탐구하고 지식을 갈망했던 덕분에 그는 귀족들의 필수 과목인 육예六藝를 두루 섭렵했으며 넓고 깊은 지식으로 명성을 떨칠 수 있었습니다.

마음에서 마음으로 전달되는
세 가지 질문

증자왈^{曾子曰} "오일삼성①오신^{吾日三省吾身}. 위인모이불충호^{爲人謀而不}^{忠乎}? 여붕②우교이불신호^{與朋友交而不信乎}? 전불습③호^{傳不習乎}?"

증자가 말하길, "나는 매일 세 가지로 자신을 반성한다. 다른 사람을 위해 일을 도모하면서 충실하지 않았는가? 친구와 사귀면서 믿음이 있지 않았는가? 전수한 것을 익히지 않았는가?"

....

① 성^省: 살피다, 깨닫다.
② 붕^朋: 친구.
③ 습^習: 익히다.

게으름을 모르고 늘 학문에 열중했던 증자의 성품은 정직했습니다. 공자는 증자의 됨됨이를 이렇게 말하곤 했습니다.

"증삼은 미련한 사람이다參也魯."

이는 증자의 어리석음을 지적한 말이 아니에요. 증자가 미련해 보일 정도로 정직했다는 것을 강조한 말입니다. 언뜻 어수룩해 보이는 증자는 안회처럼 총명하지 못했고, 자공처럼 말도 잘하지 못했지만, 그의 말에는 항상 정직함의 힘이 깃들어 있었습니다.

먼저 첫 문장을 살펴볼까요?

'매일 세 가지로 자신을 반성한다吾日三省吾身'

증자는 매일 자신을 돌아보며 세 가지, 혹은 그 이상으로 자신의 인생을 반성했습니다. 자신을 돌아보지 않는 것은 가장 경계해야 할 태도예요. 자신이 어떤 실수를 저질렀는지, 이 실수를 바로잡아 내일은 어떻게 살아야 하는지 알아내지 못한다면 우리의 인생은 나아감이 없을 겁니다. 그러니 우리는 항상 자신을 돌아보고 반성할 수 있어야 합니다.

『비판적 사고Critical Thinking』의 저자는 비판적 사고의 가장 높은 수준을 '자기반성'이라고 설명합니다. 자신을 돌아볼 줄 모르고 비판력이 부족한 사람은 타성에 젖어 매일 좋지 못한 습관에서 헤어 나오지 못하죠. 사람들은 타인은 비판적으로 관찰하면서 정작 자신을 되돌아보는 일에는 관대한 편이지요. 그래서 비판적 사고의 가장 높은 수준은 남이 아닌 바로 자기 자신을 돌아보는 일입니다. 본격적으로 증자의 세 가지 질문을 살펴보겠습니다.

첫 번째 질문 '다른 사람을 위해 일을 도모하면서 충실하지 않았는가?爲人謀而不忠乎'는 자신의 일에 관한 것입니다. 여기서 '충실忠하다'는 건 최선을 다해 열의와 성의를 쏟는 것을 말해요. 그렇다면 자신의 일에서 충실하다는 것은 무엇을 말할까요? 바로 '전문성'을 뜻합니다. 나는 일본 창업자 마스다 무네아키Muneaki Masuda의 '츠타야 서점Tsutaya books'을 보면서 전문성이 밑바탕이 되는 '충실하다'의 의미를 이해하게 됐습니다.

마스다 무네아키는 서점을 '책을 읽는 장소'로만 생각하지 않았어요. 츠타야 서점은 1층에서만 책을 판매하고 2층은 전문 직원이 배치된 영화관과 음악 감상실을 운영합니다. 각 분야의 전문적인 지식이 있는 직원들은 고객의 호기심을 충족시켜 주며 관련 서적을 소개하지요.

어떤 분야에서 열의와 성의를 쏟으려면 마음만으로는 부족합니다. 바로 전문성이 밑바탕이 되어야 고객의 기대에 부응할 수 있는 것입니다.

　그렇다면 학생들에게 '충실하다'는 것은 어떤 모습일까요? 학원에서 내준 숙제를 해야 하거나 시험을 앞두고 시험 준비를 해야 할 때는 어떻게 해야 할까요? 매일 밤을 새면서 모든 에너지를 쏟는 것만이 정답일까요? 단순히 오랜 시간 책상 앞에 앉아있다고 최선을 다하는 것은 아닐 겁니다. 이렇게 자신의 모든 에너지를 쏟다 보면 오히려 컨디션 저조로 시험을 망칠 수도 있어요. 이는 오히려 장기적으로 공부를 해야 하는 학생들에게 손해가 되겠지요. 학업이라는 건 단순히 중간고사나 기말고사만 준비하고 끝날 일이 아니기 때문입니다.

　증자가 말하는 최선은 몸을 고생시키는 것이 아니라, 적극적으로 자신에게 주어진 일을 처리하려는 정신적인 태도를 말합니다. 지나치게 긴 공부 시간은 학생들을 그저 생각 없이 기계처럼 책장을 넘기는 좀비로 만들 수도 있어요.

　반면 학생들이 '학업의 효율을 내기 위한 방법은 무엇일까?'라고 적극적으로 고민한다면 공부의 완성도는 높아질 것이고, 시간은 단축될 겁니다.

증자가 말한 '충실함^忠'을 조금 더 자세히 설명하기 위해서는 이나모리 가즈오^{Inamori Kazuo}의 이야기를 빼놓을 수 없습니다. 일본에서 가장 존경받는 3대 기업가로 꼽히는 이나모리 가즈오의 첫 직장 생활은 화려하지 않았어요. 작은 회사의 말단 직원이었던 그는 청소 업무를 담당하며 푸대접을 받았죠. 하지만 그는 실망하지 않고 '어떻게 하면 청소를 효율적으로 잘할 수 있을지' 매일 고민했습니다. 그리고 편리한 청소 도구 몇 가지를 발명해냈지요. 아무리 단순하고 하찮은 일이라도 회사 업무를 자기 일처럼 생각하는 자세를 갖고 있었기 때문에 가능한 일이었습니다.

이처럼 '충실히 다른 사람을 위해 일을 도모'하려면 '생각하는 자세'가 필요해요. 몸은 생각을 따라오기 마련이지요. 이나모리 가즈오처럼 적극적으로 자신에게 처한 문제를 고민하고 파악해야 합니다. 위에서 얘기한 마스다 무네아키의 '츠타야 서점'처럼 고객이 정말 무엇을 원하는지 간파해내야 하는 것이죠. 이것이 바로 충실함을 바탕으로 '생각을 갖고 일하는 방식'입니다.

학생들이, 또는 직장인들이 학교나 직장에 가는 것을 도살장에 끌려가는 것처럼 느끼는 이유는 무엇일까요? 매일 자신이 해야 할 일을 수동적으로 받아들이려는 태도 때문입니다.

생각이 다른 곳에 가 있으면 공부나 업무는 너무나도 재미가 없습니다. 이렇게 흥미가 없으니 몸은 피곤하기만 합니다. 그러니 주체적으로, 적극적으로 내 앞에 놓인 학업이나 업무를 바라보는 자세가 중요해요.

증자의 두 번째 질문, '친구와 사귀면서 믿음이 있지 않았는가?與朋友交而不信乎'는 인간관계에 대한 고민입니다. 친구를 사귈 때 '믿음'은 필수 덕목이죠. 그리고 대부분의 사람은 자신들의 신뢰성에 문제가 없다고 생각합니다. 설사 다른 부분이 부족하더라도 약속은 잘 지킨다고 믿습니다. 그런데 약속을 지킨다는 건 정말 쉬운 일일까요? 몇 가지 사례를 살펴보겠습니다.

첫 번째로 하기 싫은 일을 부탁받았을 때의 반응입니다. 대부분은 체면이나 껄끄러운 관계가 만들어지는 것을 피하기 위해 부탁받은 일을 해 주겠다고 쉽게 약속합니다. 그리고 정작 그 일을 해야 할 때는 여러 가지 핑계를 대며 미룹니다.

"미안해, 내가 요즘 너무 바빠서 도저히 시간이 나지 않네. 어떡하지?"

아마도 이런 답변은 누구나 몇 번씩 해 봤을 겁니다.

두 번째로 할 수 없는 능력 밖의 일을 약속하는 경우입니다.

학창시절 시험을 앞둔 한 친구가 "내가 이번에 중간고사 올백을 맞으면 한턱 크게 쏠게."라고 의기양양하게 말한 적이 있었습니다. 하지만 중간고사를 앞둔 기간 내내 그 친구가 책을 펼치고 공부를 하는 걸 본 적이 없어요. 물론 공부에 큰 관심이 없었던 친구였기에 진담은 아니었을 것으로 예상됩니다. 하지만 농담이라도 함부로 내뱉었다가는 신용에 문제가 생길 수 있습니다. 몇 년이 지나 그 친구와 다시 만날 기회가 생겼습니다. 시험 때마다 무언가 공약을 내걸었던 친구는 여전히 자신이 대기업에 취직하면 식당을 잡고 동창들을 다 불러서 크게 한턱 쏘겠다고 호언장담을 합니다. 물론 저는 그 말을 믿지 않았습니다. 그의 이런 이야기가 별 게 아니라고 생각할 수도 있겠지만 그렇게 쉽게 장담하는 태도가 그 친구를 몇 년간 아무런 성과 없이 매일 제자리에 머물게 하는 요인 중의 하나였을 수도 있습니다.

세 번째로 자기 자신이 약속을 지켰다고 착각하는 경우입니다. 많은 사람이 이렇게 생각하는 경향이 있어요. 하지만 상대방은 달리 생각하니 문제가 발생합니다. 서로 다르게 생각하는 이유는 약속에 대한 서로의 판단 기준이 다르기 때문이죠.

대개는 이렇습니다. 자기 자신은 느슨한 잣대로 평가하고,

상대방은 엄격하게 평가합니다. 그래서 서로 다른 잣대로 약속의 이행을 평가해 문제가 생기는 것입니다. 따라서 약속을 지킬 때 그 기준을 과도할 정도로 높게 설정하거나 자신이 신용을 잘 지킨다고 단정하지도 말아야 합니다.

증자의 마지막 질문을 살펴볼까요? '전수한 것을 익히지 않았는가?^{傳不習乎}' 이는 두 가지로 해석해 볼 수 있습니다. 첫 번째는 공자가 가르쳐준 지식을 자신의 것으로 만들려 노력하지 않았느냐는 것입니다. 이는 공자가 이야기한 바 있는 '배우고 제때 익히다'와 일맥상통하는 가르침입니다. 공자가 전한 지식을 제자들이 '배우고 제때 익히지 않았다'면 '전수한 것을 익히지 않은 것'이라 할 수 있습니다.

증자는 공자만큼 많은 제자가 있었습니다. 공자의 손자인 자사^{子思}도 증자 밑에서 공부했습니다. 배움에 대한 증자의 생각은 공자보다 더 멀리 나아갑니다. '전수한 것을 익히지 않았는가?'라는 질문은 스승으로서의 자기 자신을 반성하는 것입니다. '가르치기만 하고 실천을 하지 않으면 무슨 소용이겠는가?'라고 물으며 자신을 돌아보는 것이지요.

스승이 모범을 보여야 제자들에게 제대로 된 가르침을 전달할 수 있습니다. 자신이 가르친 내용을 스스로 익히려 노력하고, 그 내용을 토대로 자신을 단련하려는 사람이 진정으로 좋은 스승이라 할 수 있습니다.

가르침을 업으로 삼은 자가 아니라도 배운 것을 익히는 일은 누구에게나 중요합니다. 단순히 배우는 것과 배운 것을 곱씹어 익히는 일은 다릅니다. 특히 학생들에게는 수업으로 새로운 것을 배우고 이렇게 배운 것을 복습하며 익히는 과정이 무척이나 중요합니다. 공자와 증자는 바로 이런 점이야말로 진정한 '배움'이라고 말합니다.

나는 지금껏 살펴본 증자의 세 가지 반성을 '마음의 세 가지 물음'이라 말하고 싶습니다. 우리는 매일 자신에게 세 가지를 물어보아야 합니다.

하루를 마무리하면서 적극적인 생각을 가지고 오늘 해야 할 일은 제대로 처리했는지 물어보세요. 인간관계에서는 약속을 지키고 다른 사람의 입장에서 이해하려 했는지 물어보는 겁니다.

마지막으로 수양의 측면에서는 다른 사람에게 한 요구를 스스로 지키며 더 좋은 사람으로 변하려 노력했는지, 즉 가르치면서 동시에 스스로 익히려 했는지를 돌아봐야 합니다.

2장

공자가 말하는
격이 다른
'공부'

또 다른 세계로 가기 위해
알을 깨고 나아가라

자왈^{子曰} "불분①불계^{不憤不啓}, 불비②불발③^{不悱不發}. 거일우불이삼우반^{擧一隅不以三隅反}, 즉불부야^{則不復也}."

공자가 말하길, "가슴에 궁금한 것이 가득 차서 답답해하지 않으면 그를 계도해 주지 않고, 표현하고 싶으나 잘 몰라서 더듬거리지 않는 한 그를 일깨워주지 않으며, 한 방면을 가르쳤을 때 세 방면을 스스로 생각해내지 않으면 반복해서 그를 가르치지 않는다."

....

① 분^憤: 모르는 것이 있어서 문제를 풀지 못함.
② 비^悱: 표현하고 싶지만 하지 못함.
③ 발^發: 계발하다.

고대에는 스승이 제자를 가르칠 때의 가장 바람직한 자세를 어미 닭이 알을 쪼아 병아리의 부화를 돕는 '줄탁동시啐啄同時'로 표현했습니다. 내부의 힘과 외부의 힘이 적당히 조화를 이뤄 하나의 생명을 잉태하는 모습을 말한 것이지요.

　병아리가 알에서 부화하려면 안쪽에서 부리로 알을 쪼아야 합니다. 어미 닭은 그 모습을 보고 밖에서 같이 쪼아줍니다. 그러면 알이 갈라지면서 병아리가 순조롭게 세상 밖으로 나옵니다. 그런데 만일 어미 닭이 그걸 기다리지 못하고 성급하게 알을 쪼아댔다가는 병아리가 목숨을 잃을 수도 있습니다. 반대로 병아리가 나오려고 안에서 열심히 알을 쪼아대는데 어미 닭이 가만히 보고만 있으면 병아리는 숨이 막혀 죽고 맙니다.

　여기서 강조하는 내용은 '함께 노력하는 것'으로 이는 공자가 말한 '불분불계, 불비불발'과도 맥락을 같이 합니다.

　'불비불발不悱不發'의 '표현 못할 비悱'는 하고 싶은 말을 밖으로 내뱉지 못해 속이 답답한 상태를 가리킵니다. 공자는 만일 학생이 하고픈 말을 표현하지 못해 답답하고 애가 타는 심정이 없는 한 성급히 답을 알려줄 필요가 없다고 말합니다. '불분불계不憤不啓'의 '열 계啓'는 공부한 내용을 토대로 선생님이 질문을 던지면 이에 대답을 하면서 학생 스스로 답안을 찾아가는 일련의 과정을 의미합니다. 그래서 그 뜻이 '질문하다'에 가깝습니다. 이러한 교육방식은 오늘날 호평을 받는 '반전식 교육법'과 비슷합니다.

'반전식 교육법'이란 선생님이 학생들에게 주제를 주면 그들끼리 먼저 토론하거나 질문을 던지면서 탐구하도록 하는 것입니다. 이 과정을 통해 학생들은 관심과 흥미가 생겨나고 정말 답을 알고 싶다는 마음이 생깁니다. 궁금증은 점점 커지는데 답은 모르겠고, 뭐라 말해야 할지 모르는 상태에 이르렀을 때 선생님은 그제야 방향을 제시하거나 다른 질문을 통해 정답으로 가는 길목을 안내해 줍니다. 이런 교육방식은 단순히 정답을 알려주는 것보다 훨씬 많은 것을 학생들에게 안겨주지요.

세 번째 문구 '거일우불이삼우반擧一隅不以三隅反'을 살펴봅시다. 여기서 '모퉁이 우隅'는 책상의 네 귀퉁이, 모서리를 뜻합니다. 선생님이 네 귀퉁이 가운데 하나를 알려주었을 때 학생 스스로 나머지 세 귀퉁이를 알아가지 않으면 진정한 배움이 어렵습니다. 공자는 학생이 스스로 머리를 써서 추론하고 생각함으로써 하나를 알려주면 스스로 나머지 열을 깨우치는 '거일반삼'을 바란 것이죠.

마지막으로 반복해서 그를 가르치지 않는다고 한 '즉불부야'에는 두 가지 해석이 존재합니다.

먼저 첫 번째 해석은 다소 잔인합니다. 하나를 알려주었을 때 나머지를 깨우치지 못하는 사람은 더 이상 가르치지 않았다는 뜻입니다. 이 해석에 의하면 공자는 누구에게나 차별 없이 교육을 하는 사람이었지만 모든 사람을 다 가르치지 않았다는 게 됩니다. 하지만 저는 생각이 조금 다릅니다. 제자를 가르침에 있어 공자는 매우 인내심이 많은 사람이었습니다. 『논어』에서도 품행이 바르지 못한 학생을 혼내는 경우는 있어도 '누구누구는 내 제자가 아니다!'라고 말한 적은 없으니까요.

두 번째는 아예 가르쳐주지 않는다는 게 아니라 학생을 대신해서 자신이 답을 말해 주거나 무조건 외우기식의 주입식 교육을 하지 않았다는 해석입니다. 이 해석에 따르면 그는 모서리 하나를 정확히 알려주었으나 학생이 여전히 나머지 세 개의 모서리를 찾지 못한다고 해도 따로 부연 설명을 하지 않았습니다. 그는 학생이 먼저 하나의 모퉁이를 꼼꼼히 살펴보고 재차 뜯어보면서 나머지 모서리를 발견할 수 있을 때까지 기다려 주었습니다.

어떤 선생님들은 문제 풀이를 해 주고 비슷한 유형의 문제를 출제한 뒤 학생들이 잘 풀지 못하면 또다시 설명을 더 합니다. 책임감은 뛰어나다고 할 수 있지만 이렇게 하면 학생이 주도적으로 생각할 수 없습니다. 해당 지식에 관해 깊이 생각하거나 이해할 수 없기 때문에 조금만 변형된 문제가 나오면 또 헤맬 수밖에 없습니다.

공부를 할 때는 선생님의 도움도 필요하지만, 우리 스스로 '거일반삼'을 터득해야 합니다. 어떻게 하면 될까요? 선생님이 어떤 지식을 말해 주었을 때 그것과 연관된 또 다른 지식을 떠올려 보는 거죠. 오답 노트를 정리하면서 왜 그 문제를 틀렸는지 잘 생각해 보고 다음에 같은 유형의 문제가 나왔을 때는 똑같은 실수를 하지 않는 겁니다. 이렇듯 생각의 연결고리를 늘려가고 추론하고 귀납하고 정리하는 능력을 키우다 보면 여러분의 학습 효율은 자연스레 올라갈 겁니다.

마크 맥대니얼, 피터 브라운의『어떻게 공부할 것인가』에서 사람은 말할 때 대뇌에서 자극 운동이 일어난다는 내용이 나옵니다. 이 책의 저자는 어떤 문제에 관해 고민할 때 그에 관한 답을 생각해냈든 그렇지 않든 우리는 모두 일정의 수확을 얻게 된다고 강조하죠. 공부할 때 가장 경계해야 할 건 아무런 생각도 하지 않고, 대뇌를 움직이지 않는 것입니다. 선생님이 어떤 개념 하나를 설명해 주었는데 학생이 스스로 생각해 보지 않고 '이 문제는 어떻게 풀어야 하나요?', '저 문제는 어떻게 풀어야 하는지 가르쳐주세요.' 하고 계속해서 도움을 청한다면 어떨까요? 이런 학생은 선생님이 아무리 많은 개념을 설명해 주어도 배움의 과정에서 본질적인 깨달음을 얻지 못하고 수박 겉핥기식으로만 내용을 이해하게 됩니다. 그렇기에 이러한 학습법은 수확이 별로 없습니다. 그래서 공자는 학생 스스로 문제의 본질을 고민하고 답을 찾아갈 수 있도록 '거일 반삼'의 중요성을 강조한 것입니다.

저는 공자의 교육 방법이 매우 과학적이라고 생각합니다. 공자는 한 번에 많은 제자들을 지도해야 했는데 야외수업을 즐겼던 그는 그들과 함께 밖으로 나가 나무 그늘 밑에서, 또는 강가에서 먹고 쉬고 이야기를 나누면서 가르쳤죠. 물론 쉽지는 않았을 겁니다.

공자의 이러한 교육방식과 선명한 대비를 이루는 것이 주입식 교육방식입니다. 제가 중학교 시절만 해도 한 반에 학생이 70명 정도였습니다. 수업 시간에는 절반 정도의 학생이 선생님이 가르치는 내용을 잘 이해하지 못했고 나머지 절반은 선행학습을 한 탓에 지루해했습니다.

이러한 교육방식의 폐단으로 특정 시기에 어떤 한 개념을 철저히 이해하고 넘어가지 못한 탓에 계속 영향을 받는 친구들이 있었습니다. 예를 들면 초등학교 때 분수를 제대로 이해하고 넘어가지 못한 것이 고등수학까지 이어져 진도를 따라가지 못하는 것이죠.

공자는 모든 제자를 '불분불계, 불비불발'의 자세로 대했습니다. 그들을 잘 관찰한 뒤에 그들의 내면에 동기가 생기면 계기를 만들어 그것을 확장시켜 주었죠. 제자들은 그렇게 자신만의 보폭에 맞춰 성장해 갔습니다.

교육이란 구멍 안으로 물을 한꺼번에 들이붓는 게 아니라 학생들의 마음속에 있는 작은 불씨가 활활 타오르도록 도와주는 것입니다. 저는 여러분이 공부의 본질적인 매력을 발견하여 스스로 학습하고 스스로 답안을 찾도록 노력하면 좋겠습니다. 도전적이면서도 기술이 필요한 심화 문제들도 스스로 해결해 보도록 힘내 봅시다. 모르는 문제를 만나면 답답하고(분憤) 궁금한 과정(비悱)을 거쳐보세요. '거일반삼'의 자세로 문제를 고민하다가 그래도 답을 찾지 못하면 선생님을 찾아가 물어보고 개념 설명을 들은 뒤 다시 문제를 풀어보세요. 이런 과정을 거치면 어느새 그 지식이 온전히 여러분의 것이 되는 걸 발견하게 될 겁니다.

교육은 공장에서 자동차를 제조하듯 이뤄지지 않습니다. 프로세스에 따라 조작이 가능한 완제품을 만들어내는 게 아니라는 말이에요. 학생은 스스로 성장할 수 있고 스스로 생각할 수 있어요. 자기만의 생각과 의지를 지니고 있죠. 선생님이 할 수 있는 유일한 일은 학생이 자신의 인생을 사랑하고 주도적으로 성장할 수 있도록 도와주는 것입니다. 그거면 충분합니다. 마치 『데미안』에서 하나의 세계로 가기 위해 알을 깨고 나오는 한 마리 새처럼 말이죠.

그런데 잘못된 교육방식 탓에 너무 많은 학생이 공부하기를 싫어하고 심지어 등교를 거부하는 현상도 생깁니다. 얼마나 안타까운 일인지 모르겠어요. 그래서 저는 모든 어른이 『논어』를 읽어보고 공자의 과학적인 교육 방법을 함께 배울 수 있었으면 좋겠습니다.

하루는 공자가 제자들을 데리고 야외수업을 하던 중 제자들에게 만일 등용이 된다면 무엇을 하고 싶은지 물었습니다. 가장 먼저 자로가 자신 있게 대답했습니다.

"저는 소국으로 가서 3년 안에 그곳의 모든 사람을 용감하게 만들 것입니다!"

염구가 이어서 대답했습니다.

"저는 제후국에 가서 3년 동안 그곳을 다스리며 사람들을 부유하게 만들 것입니다. 예법이나 교화와 관련한 일은 다른 성인군자들이 해야 할 일이죠."

공자는 눈을 돌려 공서화의 뜻을 물었습니다.

"저는 예법과 관련한 일을 하고 싶습니다. 종묘의 제사나 제후들의 회견이나 결의 의식에서 사회나 주례를 담당하는 일을 하고 싶습니다."

끝으로 공자는 비파를 연주하고 있는 증점에게 뜻을 물었습니다. 그러자 그가 연주하던 악기를 내려놓고 대답했습니다.

"저는 세 분과 생각이 조금 다릅니다."

"괜찮다. 다들 자기 생각을 말하는 것뿐이니."

그러자 증점이 대답했습니다.

"저는 늦은 봄에 봄옷을 만들어 입고, 어른 대여섯 명, 아이들 예닐곱 명과 함께 기수에서 목욕하고 무우에서 바람을 쐬며 노래하다가 돌아오겠습니다."

그 이야기를 들은 공자가 크게 감탄하며 말했습니다.

"하! 나도 그러고 싶구나!"

공자는 모든 제자의 생각과 의견을 수용했습니다. 그 어떤 질타나 꾸지람도 하지 않았죠. 그는 단지 자신이 동의하는 부분에 자신의 의견을 더해 주면서 모든 학생이 스스로 생각할 수 있도록 격려해 주었습니다.

옛것을 배우는 사람은 끊임없이 성장한다

자왈子曰 "온고이지신溫故而知新, 가이위사의可以爲師矣."

공자가 말하길, "옛것을 익히고 거기에 새로운 것을 더하면 남의 스승이 될 수 있다."

이 구절을 처음 들어본 친구들은 없을 겁니다. 뜻은 아주 간단합니다. 요즘 말로 알기 쉽게 풀이하자면 이렇습니다.

"복습을 통해 새로운 것을 깨우치는 사람은 남을 가르칠 수 있다."

공자는 이 가르침을 통해 누구라도 선생님이 될 수 있다고 독려하고 힘을 주려고 했던 것 같습니다. 많은 사람이 누군가를 가르치기 위해서는 대단한 지식과 스킬이 필요할 것이라고 생각하지만 사실 그렇지 않습니다. 공자는 누구라도 다른 사람을 가르칠 수 있다고 생각했고 그래서 더 많은 사람이 지식을 전파하고 함께 공유하길 원했습니다.

만인의 스승이라 불리는 공자는 그 당시 과거와는 전혀 다른 새로운 교육 시스템을 도입했습니다. 그전까지 교육은 귀족들만 받을 수 있어서 문맹률이 매우 높았습니다. 그렇지만 공자는 배우고자 하는 마음이 있는 사람들에게 '육포 몇 장만 가져오는 사람일지라도 가르치지 않은 적이 없다自行束脩以上, 吾未嘗無誨焉'고 말했죠. 당시에는 말린 고기인 육포가 귀한 사람에게 주는 선물이나 학교의 학비 등으로 사용되곤 했습니다. 즉, 공자는 마음이 있는 사람이라면 신분이나 지위에 상관없이 누구든 배울 수 있으며 학비는 육포 몇 장이면 충분하다고 한 것입니다.

덕분에 정말 많은 사람이 그를 찾아와 배움을 청했습니다. 점점 그가 혼자서는 감당하기 어려울 정도의 사람들이 몰려들었죠. 그는 혼자 가르칠 수 있는 학생이 최대 3천 명까지라고 생각했습니다. 그래서 더 많은 사람이 자신과 같은 선생의 역할을 할 수 있길 바라는 마음에 가르침을 부탁하면 누군가는 이렇게 대답했습니다.

"말도 안 됩니다. 스승님의 경지는 너무 높아서 제가 다다르기엔 턱도 없습니다. 스승님은 늘 지혜로운 말씀만 하시지만 저는 그렇지 않은걸요."

이에 공자가 그렇게 생각할 필요가 전혀 없다면서 "온고이지신, 가이위사의"라고 말합니다. 이 짧은 문장을 좀 더 깊이 있게 풀이하자면 이런 겁니다.

> "단순히 스피커 역할만 하는 것은 큰 의미가 없다. 배운 내용을 달달 외워서 정보를 전달하기만 하는 것이 아니라 그 내용을 추론하고 연구하고 거기에 자기 생각을 더해야 한다. 자공의 말처럼 '옥이나 돌, 상아 따위처럼 자르고 쪼고 갈고 닦아서 빛내고(여절여차, 여탁여마如切如磋, 如琢如磨)' 안회처럼 배운 내용을 삶에서 실천해야 한다. 그런 자들은 모두 스승이자 선생이 될 수 있다."

'온고이지신溫故而知新'의 '온溫'은 약한 불로 오랜 시간 무언가를 우려내는 것에 비유할 수 있습니다. 예를 들어 공자가 학생들에게 새로운 내용을 가르쳤습니다. 그럼 제자들은 어떻게 해야 할까요? 먼저 스스로 그 내용을 실천하고 적용하면서 과거에 배운 지식과 경험을 접목함으로써 철저히 이해해야 합니다. 독일의 철학자 니체도 "세상의 귀한 것은 모두 천천히 얻어져야 한다. 그렇지 않으면 아무것도 얻지 못한 것과 같다."라고 말했습니다.

'온고溫故'는 과거의 것을 반복적으로 뜯어보고 씹어보고 탐구하는 것을 말합니다. 그 과정을 거친 다음에 얻을 수 있는 결과는 다음의 세 가지로 나뉩니다.

첫 번째는 '온고이불득溫故而不得'입니다. 옛것을 오래도록 공부하고 익혔지만 그게 무슨 뜻인지 알지 못해 얻는 것이 없다는 것이죠. 이런 경우라면 선생님이 어울리지 않습니다.

두 번째는 '온고이유소감溫故而有所感' 즉, 옛것을 공부하면서 그 속에 숨은 뜻을 깨닫는 경우입니다.

세 번째는 '온고이지신溫故而知新'입니다. 천천히 과거의 경험을 곱씹어보고 그 경험에 새것을 접목하여 새로운 아이디어를 발견하는 경우죠. 여러분이 예전에 배운 내용을 토대로 무언가 새로운 경험을 하거나 새로운 것을 발견할 수 있다면 그것은 그 내용을 완전히 이해하고 마스터했다는 뜻입니다. 그리고 이런 능력을 갖췄다면 여러분도 충분히 선생님이 될 수 있습니다.

공자는 우리에게 선생님이 된다는 걸 너무 어렵게 생각하지 말라고 일러줍니다. '온고이지신'을 할 수 있다면 꼭 교사 자격증이 없어도 누군가를 가르칠 수 있다고 말이죠. 학교 수업이 끝나고 집에 가서 그날 배운 내용을 부모님에게 한번 이야기해 보세요. 만일 그 내용을 정확하게, 알기 쉽게 말할 수 있다면 그 지식은 이미 완전히 마스터한 것이라고 할 수 있습니다. 같은 반 친구들과 그룹을 만들어서 정기적으로 스터디를 하는 것도 좋은 방법이에요.

'온고이지신'은 공부뿐만 아니라 우리의 삶에도 적용할 수 있습니다. 과거의 나를 돌아보고 반성하면서 새로운 내용을 발견하고 의미와 가치를 찾아가는 것이죠.

이러한 연상 및 탐색 능력이 바로 선생의 자질입니다. 저는 이 책을 다 읽은 뒤에 여러분이 『논어』에 관한 선생님이 될 수 있었으면 합니다.

공자가 노나라의 유명한 연주가 양자에게서 악기연주를 배울 때의 일화입니다. 열흘이 넘도록 한 곡만 연주하는 공자를 보고 양자가 말했습니다.

"이제 이 곡은 손에 익은 것 같으니 다른 곡을 연주해 보시지요."

공자는 고개를 저었습니다.

"곡조는 어느 정도 익혔습니다만 자유자재로 연주할 정도는 아닙니다."

며칠 후 양자는 그가 능수능란하게 연주하는 것을 보고 다시 한번 말했습니다.

"이 곡은 자연스럽게 연주할 수 있는 정도가 되었으니 이제 새로운 곡을 배워보시지요."

하지만 연주에 심취해 있던 공자는 한참 뒤에야 대답했습니다.

"저는 아직 완전히 이 곡을 파헤치지 못했습니다."

그렇게 또 며칠이 지났습니다. 양자는 공자가 그 곡을 완전히 이해하고 연주하는 수준에 다다랐다고 생각하고는 다시 말을 걸었습니다.

"이제 정말 이 곡을 완전히 이해하신 것 같습니다. 새로운 곡을 배워보시는 게 어떨까요?"

그러나 그는 여전히 같은 곡을 계속 연주하겠다고 말했습니다.

"조금만 더요. 아직 이 곡을 누가 지었는지 깨닫지 못했습니다."

그렇게 또 시간이 흘렀고 어느 날 곡을 연주하던 공자는 자리에서 벌떡 일어나 먼 하늘을 한참 동안 바라보다가 감개무량한 듯 입을 열었습니다.

"이제야 이 곡의 주인이 누구인지 알 것 같습니다! 주문왕이 아니면 누가 이런 곡을 만들 수 있겠습니까?"

시공간을 넘는 독서만이
지식의 한계를 뛰어넘을 수 있다

자로사자고위비재子路使子羔爲費宰,

자왈子曰 "적①부②인지자賊夫人之子."

자로왈子路曰 "유민인언有民人焉, 유사직③언有社稷焉, 하필독서何必讀書, 연후위학然後爲學?"

자왈子曰 "시고악④부녕자是故惡夫佞者."

자로가 자고를 비읍의 수장 자리에 추천하자 공자께서 말씀하셨다.

"남의 자식을 망치는구나!"

자로가 "그곳에도 백성이 있고 사직이 있습니다. 어찌 꼭 책으로 글공부를 한 후에만 정치를 배워야 한다고 할 수 있겠습니까?"라고 하자 공자께서 말씀하셨다.

"이래서 나는 말만 잘하는 사람들을 싫어하는 것이다."

① 적賊: 해치다.

② 부夫: 그.

③ 사직社稷: 토지와 오곡.

④ 악惡: 미워하다, 싫어하다.

자로의 지나친 솔직함은 스승인 공자의 화를 불렀습니다. 무슨 일이 있었던 것일까요?

계씨 가문의 관할 지역 중에는 '비費'라는 고을이 있었습니다. 지금으로 따지면 산둥 지역의 비현이라는 곳입니다. 계씨 가문에서 가신家臣15)을 맡았던 자로에게는 권력과 힘이 있었습니다. 자신의 후배를 양성하고 싶었던 자로는 그곳의 수장으로 자고를 추천했지요. 자로가 추천한 자고는 과거 공자로부터 '거칠고 우둔하다'는 평을 들었던 인물입니다. 자료에 따르면 당시 자고는 공부 중인 유생이었다고 합니다.

그런데 이에 대해 공자가 '적부인지자賊夫人之子'라고 말합니다. 여기서 '부夫'는 동사로 누군가를 해치거나 손해를 입힌다는 의미를 지닙니다. 문장 전체를 해석하면 '자로 네가 기어이 남의 자식을 망치는구나!'라는 뜻이 됩니다. 이 말을 들은 자로는 펄펄 뛰며 대꾸하죠.

"거기에도 사람이 살고, 토지와 곡식도 있습니다. 대체 왜

방 안에만 틀어박혀 책만 읽어야만 하는 겁니까? 백성을 돌보고 토지를 관리하는 것도 똑같이 공부 아닙니까!"

여기서 우리는 자로에게 공부가 어떤 의미였는지 알 수 있습니다. 그에게 공부는 곧 좋은 직업을 찾기 위한 수단이자 목적이었던 것이죠. 요즘도 주변에서 이런 사람들을 종종 볼 수 있습니다. 자신의 적성이나 기질은 고려하지 않은 채 그저 빨리 돈을 벌기 위해 학업을 중단하는가 하면 단순히 대학의 타이틀만 따기 위해 공부했다가 적성에 맞지 않아 자퇴를 하고 방황하는 친구들도 있죠. 그들의 생각이 자로와 무엇이 다를까요.

공자의 반응은 어떻습니까? 그는 결코 이 사건을 자로와 같은 눈으로 보지 않았습니다. 오히려 자로의 면전에서 그에게 '시고악부녕자是故惡夫佞者'라고 말하며 크게 혼을 냅니다. '녕자'는 '듣기 좋은 말로 무슨 일이든 교활하게 넘어가는 사람'을 가리킵니다. 사람들은 보통 그런 사람들을 싫어하는데 공자의 경우는 싫어하다 못해 분을 참을 수 없었던 것이죠.

자로의 생각이 대체 어디가 잘못되었길래 공자에게 그런 소리를 들어야만 했을까요?

일단 자로는 생각이 짧았습니다. 그는 지금 당장 손에 넣을 수 있는 이익에만 눈이 멀어서 오랜 시간의 배움을 통해 한 사람이 어떻게 변화하고 성장하는지에 관해서는 생각하지 못했죠.

두 번째로 그는 과도한 '실용주의'에 빠져 있습니다. 위에서 말한 것처럼 그는 공부의 목적은 오로지 좋은 일자리를 찾기 위함이라고 생각했어요. 배움의 본질, 배움이 개인의 수양에 주는 영향력 등에는 관심이 없었던 것이죠. 이렇듯 과도한 실용주의에 빠지면 지식을 탐구하는 근본적인 즐거움을 누릴 수 없습니다. 그래서 많은 사람이 열심히, 오랫동안 공부를 한 뒤에 일자리를 찾으면 더 이상 공부하지 않는 겁니다.

세 번째 실수는 잘못된 인사 추천입니다. 만일 자로가 해당 고을을 정말 잘 다스릴 수 있는 유능한 인사를 추천했더라면 공자도 이렇게까지 모질게 말하지는 않았을 겁니다. 단지 자신과 친하다는 이유로, 그럴만한 능력이나 덕행, 인품이 없는 사람을 억지로 높은 자리에 앉히는 것만큼 무서운 일은 없습니다. 이것은 그 사람뿐 아니라 타인까지 위험으로 몰아넣는 것과 같으니까요.

공자는 인사를 제대로 등용하지 못한 자로를 일깨워주려 했습니다. 만일 자고와 아는 사이라서, 관계가 좋아서 그를 발탁했다면 출발점부터 잘못되었다는 걸 알려주려 한 것입니다.

그런데 자로는 스승에게 가르침을 풀이할 기회조차 주지 않았습니다. 만일 자로가 정말 소통할 줄 아는 사람이었다면 이렇게 스승에게 달려들듯 말대꾸하지 않았을 겁니다. 낮은 자세로 "더 말씀해 주십시오."라고 했다면 공자는 그에게 더 많은 이치를 알려주고 바른길로 인도했을 거예요. 하지만 말만 번지르르하고 다혈질이었던 자로는 스승의 가르침에 반박하기 일쑤였고 그 결과 배울 수 있는 좋은 기회를 너무 많이 놓쳐야만 했습니다.

만약 여러분도 부모나 교사로부터 어떠한 꾸지람을 받게 될 때는 일단 듣고 깊이 생각해 보세요. 그리고 무엇이 정확히 잘못되었고 앞으로 어떻게 해야 할지 가르침을 청해 보세요. 배우는 것은 중요합니다. 저는 지금부터 배움에 대한 제 생각을 여러분과 함께 나눠보고자 합니다.

어떤 사람들은 "공부가 왜 필요해요? 바로 사회로 진출하는 게 더 낫지."라고 말하기도 합니다. 책을 만 권 읽는 것보다 사람을 많이 만나는 게 훨씬 더 배울 게 많다고 생각하는 이들도 있습니다. "천 리 길을 여행하는 것이 십 년 공부보다 낫다."라는 말이 있을 정도니까요. 그런데 이 말에는 한계가 있습니다. 왜냐고요? 우리가 일상에서 만나는 사람들은 사실 다 나와 비슷비슷한 사람들이에요. 비슷한 취미, 비슷한 관심사, 같은 지역 출신 등으로 생각하는 것도 비슷비슷합니다. 설령 여행을 가서 다른 도시, 다른 국가의 사람을 만난다고 해도 서로의 언어나 문화, 살아온 환경이나 견문에 차이가 있기 때문에 깊은 교류는 할 수 없어요. 새로운 문화나 잘 알지 못했던 어떠한 인식에 대한 눈뜸은 있을 수 있겠지요.

한 개인의 생각은 자신과 가장 가까운 여섯 명의 영향을 받아서 이뤄진다고 합니다. 즉, 한 사람의 인지 수준은 그 사람과 가장 가까운 사람들의 인지 수준과 평균을 이룬다는 거예요. 여러분이 주변 친구나 사람에게 아무리 많은 걸 배웠다고 할지라도 그건 결국 단순한 반복에 불과할 뿐이에요. 다시 말해 자신의 생각이 맞다는 걸 주변 사람을 통해 인정받고 검증하는 것에 불과하므로 갑자기 인지 수준이 성장하거나 돌파구를 찾지 못해요.

그럼 이걸 해결하는 방법이 뭘까요? 바로 '독서'입니다. 독서만이 시공간의 제약을 넘어 2천여 년 전, 5백 년 전 사람들과 생각을 교류하고 소통하게 만들며 나와 다른 지역, 국가의 사람들과 교류하게 해서 생각의 범위를 넓힐 수 있어요.

자로가 "유민인언, 유사직언, 하필독서, 연후위학?"이라고 따져 묻는 말에 공자가 거의 무시와 같은 꾸짖음으로 일갈했던 것은 바로 그 이유입니다.

　리처드 폴과 린다 엘더는 『왜 비판적으로 사고해야 하는가』라는 책을 통해 '특정 시대 사람들에 관한 책만 읽어서는 안 된다'고 지적합니다. 춘추전국 시대에 관한 것만, 공자나 노자에 관한 책만 읽다 보면 우리의 생각과 말, 스타일이 그 시대의 것에 고스란히 영향을 받기 때문이지요. 그래서 『논어』도 읽어보고 위나라, 진나라, 한나라, 당나라, 송나라, 명나라 등 여러 시대의 서적을 두루두루 읽어야 해요. 또 근·현대 작품은 물론 해외 작가들의 작품도 읽어야 합니다. 그래야만 다양한 사고 속에서 충분한 영양분을 흡수할 수 있습니다.

　시공간을 뛰어넘어야만 생각이 열립니다. 그래야만 더 풍부한 시냅스가 만들어지고, 보다 더 유연한 각도로 문제를 바라보고 해결할 수 있습니다.

실수를 있는 그대로 인정하라,
그리고 반성하라

자공왈子貢曰 "군자지과야君子之過也, 여일월지식언如日月之食焉. 과야
過也, 인개견지人皆見之; 갱야更也, 인개앙지人皆仰之."

자공이 말하길, "군자가 잘못을 저지르는 것은 일식이나 월식
과 같아서 저절로 모든 사람의 눈에 띄지만, 그것을 고치면 사
람들이 모두 우러러본다."

　월식은 지구의 그림자 속으로 달이 들어와서 완전히 가려지
는 현상을 가리키며, 일식은 지구와 태양 사이에 달이 들어와
태양이 가려지는 현상을 말합니다. 두 현상의 공통점은 너무
도 뚜렷하기 때문에 누구든 볼 수 있다는 것입니다. 공자는 군

자의 실수를 월식과 일식에 비유했습니다. 군자는 인지도가 높은 인물이라 늘 사람들이 주목하는 대상이죠. 그래서 일단 실수나 잘못을 저지르면 일식이나 월식처럼 쉽게 눈에 띄고 누구나 다 볼 수 있습니다.

'갱야更也, 인개앙지人皆仰之'는 군자가 만일 저지른 잘못을 뉘우치고 수정하면 사람들이 모두 그를 우러러보고 그러한 행동에 감탄하고 박수를 보낸다는 뜻입니다.

자공이 이 말을 한 건 공자가 세상을 떠난 뒤였습니다. 그는 왜 만인을 향해 이런 말을 던졌을까요? 공자의 죽음 뒤에는 그를 둘러싸고 이러쿵저러쿵 이야기를 나누는 사람들이 있었습니다. 개중에는 공자가 그의 제자들이 얘기하는 것만큼 위대한 인물이 아니라고 비아냥거리거나 그의 문제점을 일일이 열거하는 이들도 있었죠.

자공은 공자도 사람이기에 당연히 잘못을 저질렀다고 말합니다. 그러나 공자를 군자라고 칭하는 이유는 그가 자기 잘못을 깨닫고 뉘우쳤으며 그것을 고쳤기 때문이라고 강조하죠. 그렇기 때문에 그의 인격이 누구보다 위대했다고 말하는 겁니다.

실수와 잘못을 저지르더라도 거기서 교훈을 얻고 자신을

수양하는 것, 그것이야말로 진정한 군자의 삶입니다.

자공의 말이 얼마나 깊이 있는 가르침인지 여러분도 함께 느낄 수 있었으면 좋겠습니다. 사람이라면 누구나 실수합니다. 공자 같은 사람도 실수했는걸요. 그러니 실수하는 것을 두려워하지 않았으면 좋겠습니다. 실수나 잘못을 덮으려고 하지 마세요. 자신의 잘못을 인정하고 그걸 고치면 그만입니다.

사람은 누구나 장단점을 갖고 있습니다. 장점으로 단점을 보완하고 균형을 맞출 수 있다면 문제가 되지 않습니다. 거만하면서 솔직한 사람이나, 어리석으면서 관대한 사람이나, 성실하고 무능하면서 신용을 잘 지키는 사람이라면 문제가 없습니다. 하지만 단점들이 합쳐진다면 파괴성이 더욱 강해져 소용돌이에 빠진 것처럼 그 안으로 빨려 들어가게 됩니다. 호기로우면서 곧지 못하거나, 무지하고 무능하면서 신중하지 못하거나, 겉보기에는 성실해서 다른 사람의 믿음을 쉽게 얻으면서 속이려 하는 것은 단점과 단점이 합쳐져 더욱 안 좋은 상황으로 빠지게 됩니다.

공부를 잘하는 수준을 넘어선
'즐기는' 수준

자왈子曰 "묵이식①지默而識之, 학이불염學而不厭, 회②인불권誨人不倦, 하유어아재③?何有於我哉"

공자가 말하길, "묵묵히 지식을 익히고, 배움에 싫증을 내지 않으며, 사람을 가르치는 데 게을리하지 않는 것이 나에게 무슨 어려움이 있으랴."

....

① 식識: '뜻 지志'와 동의어, 기억하다.
② 회誨: 가르치다.
③ 하유어아재何有於我哉: 나에게 어려움이 없다, 어렵지 않다.

공자는 어렵지 않게 할 수 있는 일이 세 가지 있다고 말했습니다. 물론 세기의 사상가 공자에게 어렵지 않은 일이 세 가지 뿐이었겠냐마는 콕 짚어 이야기한 걸 보니 특별히 강조하고 싶은 일이었나 봅니다. 그 세 가지가 무엇인지 살펴봅시다.

먼저 '묵이식지黙而識之'입니다. '묵묵히 지식을 익힌다'는 뜻이죠. 기억력이 매우 좋았던 공자는 다양한 지식을 머릿속에 쌓고 묵묵히 그것을 익혔습니다. 그리고 터득한 내용은 마음에 새겼습니다. 아마 많은 친구가 이런 방법으로 공부하고 있을 것으로 생각됩니다. 고대에는 보통 큰 소리로 책을 읽어가며 공부했습니다. 그런데 공자는 '묵묵히', 소리를 내지 않고 조용히 지식을 익히고 그것을 기억했습니다. 누군가에게 자랑하거나 보여주기 위한 배움이 아니었지요.

두 번째는 '학이불염學而不厭'입니다. 여기에 등장하는 '염厭'을 싫어하다, 증오하다의 뜻으로 이해하고 있는 사람들이 많을 테지만 고문에서의 '염'은 보통 만족의 의미로 사용됩니다. 그런데 아무리 좋은 것이라도 지나치면 싫어지기 마련이지요. 어떤 것에 싫증을 느낄 때 우리는 '염증厭症'을 느낀다고 말합니다. 여기에서의 '염' 역시 사실은 모두 '만족'의 의미입니다. 다만 정도를 지나쳐 과유불급過猶不及의 상태가 되면 좋은 정도를 넘어 싫증을 느끼게 되는 것이지요. 그래서 공자가 말한 '학이불염'의 뜻은 '아무리 공부를 해도 영원히 만족할 수가 없고, 해도 해도 모자란다', 즉, '배움에 싫증이 나지 않는다'는 의미입니다.

세 번째는 '회인불권誨人不倦', '사람을 가르치는 데 게을리하지 않는다'입니다. 공자는 공부하는 걸 좋아했을 뿐 아니라 가르치는 것도 좋아했습니다. 그리고 그것을 전혀 힘들어하지 않았죠. 그런데 누군가를 한 번이라도 가르쳐본 사람은 알겠지만 가르침은 매우 힘든 일입니다. 특히나 자로 같은 제자가 가끔 속을 썩이기라도 하면 화가 치밀어 오르기도 하죠. 하지만 가르치는 걸 좋아하고 남다른 사명감이 있었기에 그는 '사람을 가르치는 것을 게을리하지 않는' 경지에 이를 수 있었던 것입니다.

'학이불염'과 '회인불권'을 한데 놓고 보면 공자가 강조했던 정신은 바로 '지속성'입니다. 그는 살면서 성인이나 인인仁人, 의로운 사람을 단 한 번도 만나지 못했다고 했습니다. 그러한 사람이 되려면 아주 높은 경지에 이르러야 하는데 아마도 그러한 사람은 평생토록 만나지 못할 것이며, 만일 있다면 그는 성인군자 아니면 '한결같은 사람'일 것이라고 했습니다.

'한결같은 사람'이란 말 그대로 변함없이, 하나를 지속하는 사람을 말합니다. 만일 여러분이 공부를 하며 '학이불염', '회인불권'을 실천한다면 위대한 공자에게 직접 가르침을 받은 것과 같습니다.

공자에게는 이 세 가지가 어렵지 않은 일일지 몰라도 우리에게는 여간해서는 이루기 힘든 일입니다. 그렇다면 왜 공자에게는 쉽게 느껴졌을까요?

심리학 용어 중에 '만족 지연'이라는 것이 있습니다. 자기통제의 영역 중 하나로 '더 큰 결과를 얻기 위하여 당장의 즐거움이나 보상, 욕구를 자발적으로 억제하고 통제하면서 그에 따른 좌절감을 인내하는 능력'을 가리키는 말입니다. 이 능력이 강한 사람일수록 큰일을 해낼 가능성이 높다는 연구 결과도 있습니다.

예를 들어볼까요? 여러분이 몇 달 동안 놀고 싶고, 게임을 하고 싶은 욕구를 참고 꾸준히 공부에 매진한다고 해 보세요. 이런 습관을 시험 기간에만 하는 것이 아닌, 초등학교부터 시작해 중고등학교를 졸업하기까지 쭉 유지한다면 여러분이 목표한 대학이나 진로에 가까이 다가갈 가능성이 커집니다. 만일 공부를 평생의 업으로 삼고 싶다면 농사를 짓는 농부의 마음으로 한결같이, 꾸준히 흙을 매만지고 씨를 뿌리고 물을 주고 수확하는 일을 해야 합니다. 이것이 바로 '만족 지연'입니다. 친구들의 유혹도, 자고 싶은 욕구도, 놀고 싶은 욕망도 모두 떨쳐버리고 오로지 목표를 향해 달려가는 것, 학생인 여러분에게 '만족 지연'은 매우 중요한 능력 중 하나입니다. 간혹 어떤 친구들은 공부를 시작하면 바로 싫증을 내기도 하고 누군가에게 자신이 아는 걸 가르쳐주자마자 바로 보상을 받고 싶어 합니다. 즉각적인 보상이나 피드백이 없으면 이내 학습의 동기를 잃어버리기도 하죠. 이것은 만족을 지연하는 능력이 매우 낮기 때문입니다.

만족 지연이 낮거나 높은 사람은 무언가를 이루는 과정을 살펴보면 확연히 차이가 납니다. 바로 '즐거움을 느끼느냐'입니다. 공부를 하거나 누군가를 가르치는 모든 목적이 '보상'에 맞춰져 있는 사람은 지식을 습득하고 공유하는 과정에서 결코 즐거움을 느낄 수 없습니다.

그러나 공자는 배움과 가르침, 이 두 가지를 있는 그대로 즐겼습니다. 그렇기 때문에 마음의 어려움이나 고통이 없었던 겁니다. 그는 억지로 참아가며 공부하지 않았습니다. 보통 억지로, 꾸역꾸역 참아가며 공부하는 사람들의 마음 한구석에는 이런 잡다한 생각이 많습니다. '이 공부가 언제나 끝이 날까?', '언제쯤 시험 기간이 끝날까?', '이 문제집만 풀면 실력이 오를까?' 그래서 일단 하나의 과정이 끝나면 공부를 완전히 놓아버리기도 합니다. 공부를 그저 최종 결과를 얻어내기 위해 참아야만 하는 고통스러운 일련의 과정이나 수단으로만 생각하기 때문입니다. 그들은 가르치는 것도 똑같이 생각하죠.

반면 공자에게는 공부 그 자체가 목적이자 즐거움이었습니다. 그래서 그는 싫증을 느끼지도, 거부감이나 부담감을 느끼지도 않은 것입니다.

여기서 여러분에게 들려주고 싶은 이야기가 있습니다. 공자에게는 '공리'라는 외동아들이 있었습니다. 아들은 공자의 다른 제자들과 비교하면 평범하기 그지없는 인물이었습니다. 하지만 그는 단 한 번도 아버지의 제자들을 질투하거나 미워한 적 없었고 그들과 자신을 차별 없이 동등하게 대하는 아버지에게 불만을 품은 적도 없었습니다.

위대한 업적을 이룬 부모 밑에서 똑같이 위대한 업적을 이뤄내는 자녀가 나오는 건 말처럼 쉬운 일이 아닙니다. 사람의 성공은 개인의 재능과 노력, 엄청난 훈련 외에도 환경이나 기회 같은 인생의 행운이나 우연도 따라주어야 하기 때문이죠.

공자가 명성을 얻을 수 있었던 이유는 당시 시대와 그의 특기가 잘 어우러졌기 때문일 것입니다. 그러나 공리에게는 그런 기회가 없었습니다. 하지만 그렇다고 그게 이상한 일은 아닙니다. 이 세상의 모든 사람은 다 다르기 때문입니다. 사람들은 저마다의 개성이 있고, 그렇기 때문에 더 가치 있는 존재가 되는 것입니다.

그러므로 친구의 성적이 나보다 더 잘 나왔다고 스트레스를 느끼거나 불안해하지 마세요. 나는 친구와 다른 장점이 있고 그걸 잘 개발해서 그 친구와는 다른 모습으로 성장하면 됩니다.

한번 상상해 보세요. 우리의 교육 체제가 공장에서 상품을 찍어내듯 학생들을 전부 똑같은 사람으로 만들어버리는 게 목적이라면 어떨까요? 우리는 매뉴얼에 맞춰서 계속해서 다른 사람과 나를 비교하게 될 겁니다. 매일 다른 사람과 나를 비교하면서 질투하고 시기하다 보면 경쟁에서 이기기 위해 갖은 방법을 동원하겠죠. 하지만 결국에는 모두가 동일한 수준으로 평준화될 겁니다. 그렇지만 반대로 생각해 보세요. 서로가 가진 장점과 단점들을 서로 나누고 보완하면서 자신이 잘하는, 자신 있는 분야에서 빛을 발하도록 노력한다면 우리는 각기 다른 모습으로 멋지게 성장할 수 있을 거예요. 그러니 여러분은 배움의 즐거움을 마음껏 누렸으면 좋겠습니다. 외부에서 비롯된 갖가지 부정적인 영향과 스트레스는 저 멀리 던져버리고 끝까지, 평생토록 즐겁게 배우는 자세를 유지할 수 있기를 바랍니다.

상식 더하기

『논어』에 나오는 또다른 이야기입니다. 하루는 섭공이 자로에게 공자는 어떤 사람이냐고 물었습니다. 그러나 자로는 아무런 대답을 하지 않았습니다. 이를 알게 된 공자는 자로에게 이렇게 말했습니다.

"너는 어째서 이렇게 말하지 않았느냐? 그는 공부에 열중하면 밥 먹는 것도 잊어버리고, 즐거움에 모든 근심을 잊어버린다. 심지어 자신이 늙어가고 있다는 것도 잊어버린다."

공자는 자신을 이렇게 설명하기도 했습니다.

"나는 태어날 때부터 지식이 있는 사람이 아니다. 그저 옛것을 탐구하고 공부하는 걸 즐기며 배우는 데 부지런한 사람일 뿐이다."

이를 통해 우리는 그가 얼마나 공부를 즐기고 배움에 열정을 지닌 사람이었는지를 알 수 있습니다.

어지러운 머릿속을 정리하는
청소의 힘

자왈子曰 "도①천승지국道千乘之國, 경②사이신敬事而信, 절용이애인
節用而愛人, 사민이시使民以時.

공자가 말하길, "천승의 나라를 다스리려면 일을 경외심을 가
지고 믿음 있게 처리하고, 재물을 절약하고, 사람을 아끼며 적
절한 시기에만 백성을 부려야 한다."

....

① 도道: 이치, 다스리다.
② 경敬: 공경하다, 정중하다.

이 문장은 공자가 한 말이 아니라는 사람도 있습니다. 저는
이 문장의 진위를 가리기보다는 이 말을 통해 배워야 할 요소

들을 다뤄보고자 합니다.

첫 문장의 '천승千乘의 나라'는 전차戰車 천 대를 보유한 나라를 말해요. 당시에 전차는 3명이 탈 수 있었고, 1대의 전차는 72명의 보병을 이끌었습니다. 그리고 물자를 공급하는 보급병 25명이 그 뒤를 따랐습니다. 그러니 전차 1대가 대략 1백 명의 사람을 인솔했던 셈이지요. 따라서 천 대의 전차를 보유한 나라는 10만 명의 병력을 보유한 나라를 의미합니다. 춘추전국시대에 10만 명의 부대를 거느릴 수 있는 나라는 무척 큰 강대국이었습니다.

자, 이제 대략 배경 설명을 했으니 문장을 살펴보겠습니다.

'도천승지국' 구절의 첫 한자 단어 '길 도道'는 발음이 비슷한 글자를 쓰는 통가자通假字로 '다스릴 도導'를 의미하기도 합니다. 종합해 보면 첫 문장 '도천승지국'은 '전차 천 대를 보유한 강대국을 다스리려면'이라고 해석됩니다.

다음 구절인 '경사이신'에서 '경敬'은 성리학에서 많이 다루는 한자이며 '경외심'을 말합니다. 성리학에서 경敬을 자주 언급하는 이유는 일을 할 때 경외심이 부족해 좋지 않은 결과를 초래한 사례가 많기 때문이었어요.

주나라 유왕 때의 일입니다. 유왕이 장난으로 봉화를 피워 제후들을 농락해, 나라를 멸망의 길로 접어들게 한 일이 있었습니다. 그런데 왕이 기껏 봉화로 장난을 친 일로 나라가 멸망하는 것이 가능한 일일까요? 물론 단순한 장난이지만 이 일을 시작으로 주나라는 위험에 빠지게 됩니다. 주나라가 망한 진짜 이유는 유왕이 국가의 대사를 놀이처럼 생각했던 태도 때문이지요. 그는 자신이 천자天子인 만큼 모든 사람을 농락해도 된다고 쉽게 생각했습니다. 그래서 제후들을 놀리기 위해 봉화를 피워 거짓 구조신호를 보냈고, 이는 쓸데없는 병력 낭비를 초래하고 말았습니다.

국가를 다스리는 것은 다른 일보다 더 많은 경외심이 필요합니다. 최대한 엄숙하고 진지하게 나랏일을 처리해야 하는 것이죠. 국정을 살피는 관리들은 어깨에 짊어지고 있는 책임의 무게를 더 깊이 느껴야 합니다.

조비의 고사를 살펴봅시다. 위나라 왕 조조는 장자인 조비와 똑똑하고 문장이 뛰어난 조식 중 후계자를 누구로 간택할지 고심했습니다. 결국 장자라는 명분으로 조비가 선택되었고, 자신이 왕위 계승자라는 사실을 접한 조비는 너무 기뻐 후원에서 덩실덩실 춤을 췄습니다. 그러자 충직한 한 신하가 그에게 이렇게 말했습니다.

"주군께서는 얼마나 막중한 책임을 짊어지셨는지 모르시는 겁니까? 왕위 계승자가 되었으니 더욱 신중하게 행동해야 하며 함부로 웃어서는 안 됩니다. 주군께서 웃으시는 건 천하를 다스리는 일을 놀이로만 생각하거나 개인의 체면과 명예를 높이는 일로만 보기 때문입니다. 천하를 다스리는 건 결코 개인의 일이 아닙니다."

일본 대기업의 창업주인 가기야마 히데사부로가 쓴『머리 청소 마음 청소』라는 책이 있습니다. 연간 매출액이 1조 원에 육박하는 회사의 창업주가 전국의 학교와 공원 등의 화장실을 청소한 일이 알려져 더 유명해진 책입니다. 그의 '화장실 청소하기' 운동은 경영인들과 자영업자 등 동참자가 10만 명을 넘어서기도 했습니다. 그는 고민이 있거나 슬럼프에 빠져 있는 사람들에게 어지럽고 지저분한 주변 환경부터 정리하라고 권합니다. 청소를 하다 보면 복잡했던 자신의 마음도 정리된다며 '청소의 무한한 힘'을 역설했습니다. 그는 아주 작은 일에도 경외심을 가지고 대했습니다. 대기업 창업주가 화장실 청소 하나에도 정성을 쏟는다는 사실은 많은 이에게 감동을 주었지요.

여러분도 큰 마음 먹고 어질러져 있는 방을 정리하는 일부터 해 보기 바랍니다. 아마 어제와 다른 새로운 하루가 시작되는 기분일 겁니다. 방 정리가 힘들다면 간단하게 책상 정리라도 깨끗이 하고 나면 학업태도가 달라집니다. 청소란 그런 것입니다. 과연 단순히 물건이 정리된다고 내 생활이 바뀔까 의심스럽겠지만 깔끔하게 정리된 책장이나 책상을 보면 머릿속도 굉장히 맑아진 기분이 들 거예요.

자, 다시 본문으로 돌아가 봅시다. 나라를 다스리는 첫 번째 방법이자 원칙은 '경사이신', '경외심을 가지고 믿음 있게 일을 한다'는 것입니다. 여기서 '믿음信'은 신하와 백성 사이에 공동의 목표를 갖는 것을 말합니다.

전국시대 진나라 정치가 상앙은 권력을 잡은 뒤 변법을 실행하기 위해 백성들의 지지를 얻으려 했어요. 상앙은 이를 위해 재밌는 이벤트를 마련했습니다. 함양성 남문에 기둥을 세우고, "누구든 이 기둥을 북문으로 옮기면 황금을 주겠다."라고 말했습니다. 기둥을 옮기는 일은 너무나도 쉬워 이런 하찮은 일로 정말 황금을 줄 리 없다고 생각한 백성들은 이벤트에 응하지 않았지요. 그러던 중 누군가가 시험 삼아 기둥을 북문으로 옮겼고, 상앙은 실제로 그에게 황금을 하사했습니다. 그러자 백성들은 상앙을 신뢰하기 시작했습니다. 별것 아닌 이런 단순한 일로 백성과 상앙의 신뢰 관계가 구축된 것이지요.

다음에 나오는 '재물을 절약하고 사람을 아낀다^{節用而愛人}'는 문장은 회사나 나라 운영에 중요한 관리 방법 중 하나입니다. 여기서 '재물을 절약'한다는 것은 회사 기금을 경제적으로 관리해 회사의 현금 흐름을 양호하게 유지하거나, 국가가 국가 경제를 효율적으로 운영한다는 뜻입니다. 급속도로 성장하는 기업이나 국가 중에서 채무가 기하급수적으로 늘어나 결국엔 도산하는 경우를 많이 볼 수 있습니다. 재물을 절약하지 않았기 때문이지요. 남의 돈을 빌려 막무가내로 투자하다가 수중에 돈이 남아 있지 않다는 사실을 뒤늦게 발견하는 것입니다.

고대의 로마가 망한 이유도 지나친 사치 때문이었습니다. 스페인과 포르투갈 왕조도 모두 부유한 나라였지만, 지도층이 전쟁에만 돈을 써버리고 투자할 생각은 하지 않았습니다. 이에 점차 국력이 쇠퇴해졌고, 결국 네덜란드와 영국에 패권을 넘겨주어야 했지요.

다음에 나오는 문장인 '사람을 아낀다'는 것은 백성을 대하는 마음 자세를 말합니다. 이 문장을 듣고 반문하는 사람들도 있을 겁니다. "사람이 중요한 건 당연한데 굳이 강조할 필요가 있을까?" 하고 말이죠. 하지만 역사를 돌이켜보면 사람의 중요성을 쉽게 망각하는 지도자들이 많았습니다.

중세를 '암흑기'라 부르는 이유는 그 시대의 지도자들이 신의 뜻만 추구하고, 사람의 생명을 중요하게 생각하지 않았기 때문이지요. 중세 유럽의 왕들은 걸핏하면 죄인들을 화형시키고 능지처참하며, 광장의 사형식을 구경거리와 오락거리로 삼기도 했습니다. 왕권이나 신권에 도전하는 사람들에 대한 본보기를 보여주려 했던 것인데, 이와 같은 왕의 공포정치가 날이 갈수록 심해지자 백성들은 왕을 두려워하기보다는 그의 잔인성을 힐난했습니다.

인간의 폭력성에 대한 역사를 다룬 『우리 본성의 선한 천사 The Better Angels of Our Nature』의 작가 스티븐 핑커Steven Pinker는 인류의 휴머니즘에 대해 말합니다. 저자는 과학적인 방법론에 입각해 역사적 사례와 데이터를 보여주며, 인류는 지금까지 무수히 많은 폭력적인 사건을 겪어 왔지만, 폭력의 양은 점차 줄어들었다고 설명합니다. 그는 인간의 선한 본성은 다른 모든 성향보다 강하기에 세계도 점차 인도주의적인 세상으로 진화했다고 강조하지요. 인간에게는 마땅히 다른 사람의 생명을 존중하는 선한 본성이 살아있다는 겁니다.

공자는 2천여 년 전, '재물을 절약하고 사람을 아껴야 한다'
며 인간의 선한 본성을 키우라고 말했습니다. 한 나라의 지도
자들은 어떤 정책을 제정할 때 먼저 백성들이 어떻게 느낄지
를 생각해 봐야 해요. 백성의 궁핍한 삶을 모르는 어떤 왕은
이런 말을 하기도 했다고 전해집니다.

"밥을 먹지 못했으면 고기 죽을 먹으면 되지 않느냐?"

물론 극단적인 사례이지만 백성의 고통을 알지 못하는 위
정자들은 현실과 동떨어진 정책을 펼치기도 하지요.

마지막으로 '적절한 시기에만 백성을 부려야 한다使民以時'는
문장을 살펴봅시다.

고대의 나라들은 규모가 비교적 작고, 인구도 많지 않았습
니다. 만약 궁을 확장하고 싶은 군왕의 마음속에 백성이 없다
면 아무 때나 백성들을 동원할 겁니다. 농번기에 막무가내로
백성들의 노동력을 동원해 궁궐을 짓게 한다면 그 나라에는
기근이 생기게 되겠죠. 공자는 백성의 노동력을 사용하지 말
라고 한 것이 아니에요. 농한기에 백성을 동원해 토목공사를
진행해야 하며, 백성에게 먹는 문제는 아주 중요한 만큼 백성
들의 기본 생계를 침해해서는 안 된다는 의미이지요. 이 문장
의 핵심은 나라의 지도자가 마음속에 휴머니즘의 정신을 가

지고 백성들의 고충을 고려해야 한다는 점에 있습니다.

지도자의 자질은 무엇보다 중요합니다. 공자와 맹자는 줄곧 윗사람이 백성을 중심에 두면 국가가 발전할 수 있다고 주장했습니다. 더욱이 공자보다 더 급진적이었던 맹자는 군주를 전복시킬 수 있는 대상으로까지 여겼습니다. 백성을 위하지 않는 군주는 폭군이나 다름없으니 쫓아내도 문제가 없다는 생각이었죠. 맹자보다 부드러웠던 공자는 전차戰車 천 대를 보유한 강대국을 다스리는 사람은 나랏일에 경외심을 가지고 믿음 있게 하며, 재물을 절약하고 사람을 아끼며, 적절한 시기에만 백성들의 노동력을 동원하고, 평시에는 백성을 혹사하거나 나라의 재정을 낭비해서는 안 된다고 지적했습니다. 이 점은 지금 이 시대에 국가를 운영하는 한나라의 지도자에게도 해당됩니다. 국내 경제의 흐름의 중요성을 인식하고 재물을 절약하고, 국민들의 성장을 생각하며 사람을 아껴야 합니다.

자, 우리 모두 함께 마음속으로 읊어봅시다. 앞으로 미래를 책임질 여러분이 훌륭한 리더가 되기 위한 덕목들입니다.

"세상만사 모든 일에 경외심을 갖자. 다른 사람들에게 신뢰감을 주고, 재물을 절약하자. 그리고 사람을 아끼는 마음을 갖자."

우리는 배우는 동시에 생각을 해야 해요.
지식을 꼭꼭 씹어서 완전히 내 것으로 소화시키고
구슬을 꿰듯 배운 내용을 하나로 모으되 분별력 있게
구별하는 연습을 해야 합니다.
이렇게 하는 사람은 배우는 동시에 성장할 수 있습니다.

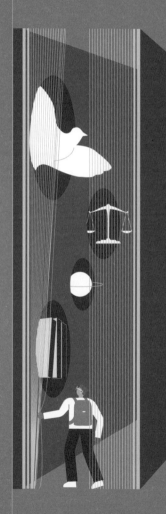

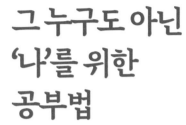

3장

그 누구도 아닌
'나'를 위한
공부법

인생이 아닌 일상을
열심히 사는 작은 습관

유자①왈有子曰 "기위인야효제②其爲人也孝弟, 이호범③상자而好犯上
者, 선④의鮮矣; 불호범상不好犯上, 이호작란자而好作亂者, 미지유야⑤未
之有也. 군자무본君子務本, 본립이도생本立而道生. 효제야자孝弟也者, 기위
인지본여其爲仁之本與!"

유자가 말하길, "부모에게 효도하고 어른을 공경하면서 윗사
람을 거스르기 좋아하는 이가 드물다. 윗사람을 거스르는 것
은 싫어하면서 세상을 어지럽히기 좋아하는 사람도 없다. 군
자가 근본에 힘쓰는 이유는 근본이 서야 도가 살아나기 때문
이다. 효도와 공경이 바로 인의 근본이리라!"

....

① 유자有子: 공자의 학생, 성은 유有, 이름은 약若.

② 제弟: 공손할 제悌와 동의어, 어른을 공경하다.
③ 범犯: 무례한 짓을 하다, 상대방의 기분을 상하게 하다.
④ 선鮮: 적다.
⑤ 미지유야未之有也: '미유지야未有之也'의 도치문16), '이런 사람이 없다'는 뜻.

　유약이라는 이름을 가진 유자는 공자의 3대 제자로 공자보
다 서른세 살 정도 어린 젊은 학생이었습니다. 유자의 생김새
가 공자와 많이 닮아서 공자가 세상을 떠난 뒤 그를 그리워하
던 사람들이 유자에게 강단에 올라가 공자의 모습을 흉내 내
게 했다는 말도 전해집니다.

　『논어』에는 공자를 제외하고 이름에 '자子'라는 존칭을 넣은
사람이 딱 두 명 나오는데 그중 한 명이 바로 유약이고 나머지
한 명은 증삼이라는 이름의 증자입니다.

　자로나 자공, 안회의 경우는 '자'를 붙이지 않고 바로 이름을
사용했습니다. 그래서 후대 사람 중에는 『논어』가 유약과 증
삼의 제자들이 지은 것 아니냐는 의구심을 제기하는 사람도
있었지요. 자기의 스승에게만 존칭을 사용한 것이라고요.

　이 본문은 유약이 한 이야기입니다. '기위인야효제其爲人也孝弟,
이호범상자而好犯上者, 선의鮮矣'에서 '선鮮'은 '매우 적다, 거의 없

다'는 뜻입니다. 그래서 이 문장의 전체적인 뜻은 '집에서 부모와 형제를 공경하는 사람이 어떻게 어른을 거스를 수 있겠는가? 그런 경우는 거의 없다'라고 해석할 수 있습니다.

바로 뒤에 나오는 '불호범상, 이호작란자, 미지유야'를 지금의 말로 해석하자면 '집에서 행실이 바른 사람은 학교에서도 선생님을 잘 공경하고 열심히 공부하며 친구들과도 사이가 좋다. 이런 사람이 규칙을 위반하고 질서를 어지럽히는 행동을 하는 경우는 매우 드물다'라는 뜻이 되겠지요.

이어 나오는 '군자무본君子務本'이란 군자라면 어떤 일을 함에 있어 근본을 지켜야 한다는 말입니다. 여기서 말하는 근본은 무엇일까요? 유약이 생각하기에 근본이란 어른을 공경하고 가정의 규칙과 윤리를 잘 따르는 것이었어요. 그래서 집안의 규율을 잘 지킬 때 비로소 '본립이도생本立而道生' 즉, '도가 살아난다'라고 말한 것이죠.

1장에서 '아침에 도를 깨우치면 저녁에 죽어도 좋다'고 했던 공자의 말을 기억하나요? 당시 학문을 공부하던 사람들이 최종적으로 추구하는 목표는 하나, 바로 '도를 깨우치는 것'이었습니다.

그런데 온종일 '나는 반드시 도를 깨우칠 거야. 나는 세속적인 사람들과 달라. 나는 그들보다 훨씬 고귀하고 멋진 삶을 살 거야.'라고 생각만 하고 아무런 행동을 하지 않으면 오히려 '본립이도생'에서 추구하는 '근본'과는 멀어집니다. 쉽게 얘기해 볼까요?

여러분이 온종일 '열심히 공부해서 이번 시험에서는 꼭 1등할 거야.'라고 생각만 하고 계획도 세우지 않으면서 공부도 하지 않는다면 어떨까요? 그럼 성적은 고사하고 공부 자체가 점점 싫어질 겁니다.

당시 학문을 추구하는 사람들이 귀에 못이 박히도록 외치던 '도'라는 건 대체 어디에 있는 걸까요? 사실 도는 여러분의 인생 가운데서 어느 한순간에 갑자기, 우연히 만나게 될 가능성이 큽니다. 그게 언제일지는 아무도 몰라요. 의식적으로 도를 찾기 위해 힘써서 달려간다면 오히려 찾을 수 없을 겁니다.

진정한 '본립이도생'의 삶은 커다란 나무와 같습니다. 뿌리를 깊이, 단단히 내린 나무에 풍성한 가지와 잎이 맺히듯 놓치지 말아야 할 기본을 충실히, 잘 지키며 살아가는 것이죠. 쉽게 말하자면 바로 내가 속한 가정에서 부모님을 공경하고 형제자매와 우애 좋게 지내는 것입니다. 너무 뻔하고 고리타분한 이야기인가요? 그런데 누구나 아는 이러한 삶의 태도를 갖는 것은 그리 쉬운 일이 아닙니다. 그러니 잔소리처럼 계속해서 말해 주는 것이지요.

물론 가족이나 가정은 여러분이 선택한 게 아닙니다. 하지만 그것이 여러분의 삶과 인생에 미치는 영향은 엄청나죠. 건강하지 못한 가정에서 자란 사람은 성격과 정서가 매우 불안해서 외부 세계와 관계를 맺을 때도 영향을 받지요. 내가 다른 사람과 어떤 방식으로 교제하고 소통하는가는 내가 부모와 관계를 맺는 방식에서 비롯합니다.

심리학 전문가 리중잉은 '사람의 일생에 필요한 관계는 딱 두 가지, 부모와의 관계 그리고 타인과의 관계'라고 말한 바 있습니다. 그런데 타인과의 관계 역시 부모와 맺은 관계에서 많은 영향을 받지요. 그렇기 때문에 여러분이 부모님이나 형제자매와 관계가 좋지 않으면 대인관계에서도 문제가 나타날 수밖에 없습니다.

유약이 우리에게 '기위인지본여' 즉, 가정 안에서의 관계를 잘 처리하는 것이 제일 중요하다는 가르침을 준 것도 이러한 이유 때문입니다.

춘추전국 시대를 떠올려 볼까요? 사람으로서 마땅히 행하거나 지켜야 할 도리를 정리한 윤리강상倫理綱常[17]은 바로 그 시대에 만들어졌습니다. 사람들은 왜 윤리학을 배우려 했을까요? 우리는 왜 그토록 사람의 도덕성을 중시하는 걸까요? 결론부터 말하자면 그 이유는 '가정' 때문입니다. 세상 모든 사람의 도덕성과 사랑, 개인의 인간성 그리고 타인에 대한 관심과 배려 등은 모두 가정에서부터 길러집니다. 그래서 외부로부터 무언가를 계속 갈망하고 채워가려고 하는 것보다는 내부에서부터 충실히 채워가는 것이 훨씬 좋지요. 다시 말해 여러분이 나중에 이 사회를 위해 무언가 기여하고 싶다면 가장 먼저 다른 곳이 아닌 부모님과 친밀한 관계를 형성하고 그 속에서 지속적인 인정과 관심을 통해 자기 확신감을 키워나가야 합니다.

그 외에도 중요한 게 있습니다. 바로 자신의 '작은 습관'들에 주의를 기울여야 해요. 우리가 빚어내는 최종적인 결과들은 결국 '티끌 모아 태산'처럼 미미한 습관들이 모여서 이뤄지는 것들이니까요. 학생인 여러분은 다음과 같은 네 가지 습관을 유지하면 좋겠지요.

첫째, 모든 것에 지적 호기심과 탐구심을 가지세요. 매일 매일 교과서 외의 다른 책을 읽어보세요. 아주 잠깐이라도 좋아요. 책을 고를 때는 그 종류가 다양할수록, 범위가 광대할수록 좋아요. 범위에 얽매이지 마세요. 이건 시험을 잘 보기 위해서 하는 게 아니에요.

중국에는 '쓸모없는 지식이 진짜 쓸모 있는 것'이라는 말이 있어요. 지치지 않고 공부를 하는 비결이 뭘까요? 바로 지식에 대한 호기심과 탐구심을 충족하는 겁니다. 그래야 공부에 대한 동기가 부여되거든요.

둘째, 원만한 대인관계를 유지하세요. 집에서는 부모님과 많은 대화를 나누고 말씀을 귀담아들으세요. 그리고 자신의 이야기를 조리 있게 잘 이야기하세요. 듣기 싫은 이야기라도 귀담아 들어보고 자신의 의견을 잘 개진하는 것이 중요해요. 이런 것들이 하찮아 보일지 모르겠지만 여러분의 그 작은 행동 하나로 집안 전체 분위기를 바꿀 수 있어요.

셋째, 자기관리에 신경 쓰세요. 위생에 신경 쓰고 적당한 운동으로 건강을 유지하세요. 방은 깨끗하게 정리하고요. 여러분의 일상이 질서 있게, 조리 있게 유지되도록 노력하는 거예요. 이런 습관은 자신에게 주어진 일을 책임감 있게 해결하는 데 많은 도움이 돼요.

넷째, 내가 속한 커뮤니티나 단체, 사회를 위해 기여하는 습관을 가지세요. 거창하게 생각할 필요 없어요. 공공장소를 깨끗하게 사용하고 어려운 이웃을 위해 적은 액수나마 후원하고 분리수거를 잘하는 등 방법은 다양해요. 이 역시 아주 사소한 것처럼 보이겠지만 나와 사회를 이어주는 중요한 다리 역할을 한다는 걸 기억하세요.

처음에는 엄청난 노력이 필요할 거예요. 하지만 점점 시간이 지나 이것이 여러분의 무의식적인 습관이 된다면 살아가는 데 굉장한 힘을 발휘합니다.

만일 여러분의 작은 습관들을 매일, 조금씩 고쳐나간다면 1년 혹은 5년 뒤에는 지금과는 완전히 다른 삶을 살게 될 겁니다.

그런데 대부분의 학생과 학부모가 이 '장기 프로젝트'를 참아내지 못하고 '단기 프로젝트'에만 연연해요. 고작 몇 달 안에, 1년 안에 엄청난 변화가 나타나길 기대하는 거죠.

여러분, 혹 이런 공식을 본 적 있나요?

'노력기간=결과'

$1.01^{365} = 37.8$

$0.99^{365} = 0.03$

위의 공식에서 밑수인 1.01과 0.99를 '노력'이라고 합시다.

둘은 0.02밖에 차이가 나지 않습니다. 그런데 그만큼의 노력을 365일만큼 지속할 경우 어떻게 될까요? 결과는 각각 37.8과 0.03, 무려 37.77만큼의 확연한 차이를 보입니다. 다시 말해서 다른 사람보다 아주 조금 더 노력했을 뿐인데 그것을 오래, 꾸준히 지속하면 그 결과는 엄청난 차이를 보인다는 거죠.

여러분의 일상을 조금만 바꿔보세요. 그것이 조금씩, 천천히 여러분의 습관으로 자리 잡으면 결과적으로 엄청난 변화를 맞이하게 될 거예요. 사람과 사람 사이의 차이는 바로 여기에서부터 시작됩니다.

학교 수업이 끝나고 집에 오자마자 먼저 책가방을 던져놓고 스마트폰부터 보나요? 아니면 책을 먼저 보나요? 숙제를 먼저 끝내고 노는 편인가요? 아니면 먼저 놀고 싶은 걸 다 놀고 나서 숙제를 하는 편인가요? 아주 작은 차이 같아 보여도 5년, 10년 후에 두 사람의 삶은 엄청난 차이를 보일 거예요. 위 공식의 밑수에서 숫자를 하나씩만 더하거나 빼도 무슨 말인지 더 잘 이해할 수 있을 겁니다.

$$1.02^{365} = 1,377.4$$
$$0.98^{365} = 0.0006$$

1.01과 1.02는 정말 근소한 차이입니다. 0.01만큼 더 노력했을 뿐인데 시간이 지날수록 그 차이는 더 선명해지죠. 이런 작은 것들에 관해서 마가렛 대처 영국 전 총리는 아주 유명한 말을 남겼습니다.

"생각을 조심하라. 말이 된다. 말을 조심하라. 행동이 된다. 행동을 조심하라. 습관이 된다. 습관을 조심하라. 성격이 된다. 성격을 조심하라. 운명이 된다."

별것 아니라고 느껴질 수 있겠지만 이것은 우리에게 어떤 원대하고 추상적인 목표를 좇는 인생이 아닌 일상의 사소한 것부터 조금씩, 충실히 지켜나가는 삶을 살아야 한다고 말해 줍니다.

먼저 가정에서 작은 습관부터 실천해 보세요. 당장 모든 것을 바꿀 필요는 없어요. 오늘은 책가방부터 제자리에 놓았다면 내일은 옷을 제자리에 걸어놓는 걸 추가합니다. 그리고 다음 날은 책상을 보기 좋게 정리하는 것을 추가하는 것이죠. 이렇게 하나하나 더해간다면 여러분의 하루는, 한 달은, 일 년은 몰라보게 바뀌어 있을 겁니다.

자로는 공자의 자랑스러운 제자였습니다. 가난한 집에서 태어났지만, 부모를 공경하는 마음이 남달랐거든요. 그는 자신은 들에서 나는 풀로 배를 채우는 한이 있어도 부모님께는 쌀을 사드리기 위해 백 리 길도 마다하지 않고 다녀오고는 했습니다. 훗날 부모님이 모두 세상을 떠난 후 초나라의 관료가 된 그는 잘 차려진 산해진미 앞에서 부모님을 회상하며 이렇게 한탄했다고 합니다.

"부모님이 살아 계신다면 나는 야생풀을 먹어도 좋으련만! 이제는 영원히 두 분을 뵐 수 없으니 이 얼마나 슬픈 일인가!"

두 번 세 번 곱씹은 뒤
질문하라

자왈子曰 "오여회언종일吾與回言終日, 불위不違, 여우如愚. 퇴①이성②
기사③退而省其私, 역족이발亦足以發, 회야불우回也不愚."

공자가 말하길, "내가 안회와 종일토록 이야기했건만 그는 이
의를 제기하여 내 뜻을 어기지 않는 것이 마치 어리석은 사람
같았다. 그러나 그가 돌아간 뒤 그의 사사로운 언행을 살펴보
니 일상에서 나의 뜻이 충분히 드러나고 있었다. 회는 어리석
지 않았다."

----

①퇴退: 스승 앞에서 물러가다.

②성省: 관찰하다.

③사私: 개인적인 대화, 여기서는 안회가 다른 사람과 개인적으로 나

눈 이야기를 가리킴.

안회는 '나면서부터 지식이 있는 사람^{生而知之}'처럼 행실이 어진 인물이었습니다. 그래서 공자는 안회를 특별히 아끼며 가르쳤습니다. 공자는 안회를 얘기할 때는 늘 칭찬이 끊이지 않았지요.

> "내가 온종일 안회와 대화를 나누었는데 그는 한 번도 이의를 제기하거나 내 의견에 반박하지 않았다."

공자가 무슨 말을 하면 안회는 곧바로 그것을 행동으로 옮겼습니다. 누군가의 눈에는 자칫하면 안회가 자기주장이나 생각이 없는 사람처럼 비칠 수도 있었지요.

반면, 자공과 자로를 포함해 재여와 같은 제자들은 공자에게 질문을 많이 던졌습니다. 가끔은 공자의 가르침에 이의를 제기할 때도 있었죠. 이는 공자와 제자들이 서로 토론하는 형식으로 수업을 진행했기 때문입니다. 그러나 안회는 달랐습니다.

그런 안회를 보고 처음에 공자는 그가 '조금 모자란 사람'이아닌가 하는 생각을 했었나 봅니다. 그렇지 않고서야 어떻게 자기가 하는 말에 단 한 번도 문제를 제기하는 일 없이 그대로 가서 실천할 수 있었겠어요. 그래서 공자는 수업이 끝난 이후에 안회의 삶을 관찰해 보았습니다. 그랬더니 안회는 공자에게 배운 것들을 그대로 실천할 뿐만 아니라 '역족이발(가르침을 충분히 드러내는)'의 삶을 살고 있었습니다. 안회는 공자가 하는 말을 진짜로 모두 이해했을 뿐 아니라 그것을 삶에 적용해 변화를 보여주고 있었던 것이죠.

공자는 이에 대해 '회야불우回也不愚'라고 말합니다. 이 말은 '안회는 정말 바보가 아니었다!'라는 뜻으로 기쁨 섞인 안심, 그리고 그를 매우 대견히 여기는 공자의 감정이 들어가 있습니다.

자, 그러면 여기서 여러분에게 질문 하나 해 볼게요. 안회처럼 수업 시간에 토론이나 논쟁을 하지도 않고, 질문도 하지 않는 학생을 공자는 왜 특별히 아끼고 좋아했던 걸까요?

이 질문은 반대로 생각해 보면 쉽습니다. 툭하면 질문을 던졌던 자공과 자로를 떠올려 봅시다. 그들이 질문을 많이 했던 이유는 어떤 면에서 보면 독립적인 사고가 다소 부족해 스승에게 너무 의존했기 때문입니다. 그래서 혼자 생각하는 과정을 생략한 채 곧바로 스승과 논쟁을 벌였던 거죠. 겉으로는 매우 활달하고 적극적으로 수업에 참여하는 것처럼 보일 수 있지만, 기본적으로는 배운 내용을 깊이 생각해 볼 겨를도 없이 질문을 통해 곧바로 답을 얻으려 한 것이라고 할 수 있습니다.

지금까지 '판덩 독서회'에서 많은 책을 소개하면서 꾸준히 듣는 질문이 하나 있습니다.

"선생님이 추천하신 그 책에서 저는 이 부분이 조금 이해가 안 됩니다. 선생님 견해가 조금 잘못된 것 같은데 어떻게 생각하세요?"

그럼 저는 보통 이렇게 대답하곤 하죠.

"다시 한번 고민해 보시는 건 어떨까요?"

질문을 피하려는 게 아닙니다. 토론을 차단하는 것도 아니에요. 개인적으로 저는 어떤 문제에 관해 충분히 고민하고 생각을 거친 사람만이 깊은 이해를 통해 마침내 답을 얻었을 때 그것을 진정한 자기 것으로 소화할 수 있다고 생각합니다. 누군가 질문을 했을 때 제가 거기에 바로 정답을 알려줄 수도 있습니다. 하지만 그러면 상대는 그저 자신의 '물어보는' 행위를 대견하게 생각해 무조건 그 의견에 반박할 수 있습니다. 그리고 반박하면 할수록 자기 의견을 고집하게 되어 다른 사람의 의견은 수용하기 어렵게 될 수 있습니다.

안회는 어땠을까요? 그는 공자에게 '불위', 즉 이의를 제기하지 않았습니다. 하지만 그것이 스승의 가르침을 모두 수용한다는 뜻은 아니었습니다. 그가 선택한 방법은 조금 달랐습니다. 스승의 가르침 중에서 이해되지 않는 부분이 있으면 그 자리에서 당장 물어보지 않고 집에 돌아가 충분히 생각하고 고민한 끝에 그 안에 숨은 뜻을 발견하는 것이었죠.

공자가 했던 말이 100% 옳았을까요? 저는 그렇지 않았을 거라고 생각합니다. 그럼 틀린 내용은 어떻게 해야 할까요? 안회는 그중에서 옳은 부분만 취했습니다.

그는 배우는 과정에서 스스로 가치 있는 것들을 찾아냈고 그것을 자신의 습관으로 만들었습니다. 그랬기 때문에 공자가 그를 일컬어 '어리석지 않다'고 한 것이죠.

자공은 안회를 가리켜 '하나를 말하면 열을 아는 사람'이라고 한 적 있습니다. 그의 눈에 안회는 두뇌 회전이 빨라 공자가 어떤 말을 하면 그것과 관련한 일을 열 개 정도는 곧바로 떠올리고 정리해 낼 수 있는 사람이었죠. 안회는 언제나 공자가 주는 가르침의 핵심을 재빨리 파악해냈기 때문에 별다른 설명이나 해석을 해 줄 필요가 없었습니다.

여러분도 안회 같은 사람이 되고 싶은가요? 그럼 누군가의 의견에 선불리 반박하지 마세요. 먼저 해당 문제를 찬찬히 뜯어보고 연구한 다음 머릿속 생각이 정확하게 정리된 후에 상대와 토론하는 것이 훨씬 더 효과적입니다.

누군가 제게 질문을 했을 때 제가 직접 답을 주지 않는 이유는 상대가 아직 그 문제에 관해 깊이 고민해 보지도 않고 그냥 답을 얻어가길 바라는 마음이 보였기 때문입니다.

충분히 생각하고 고민해 본 사람만이 진짜 의미 있는 질문을 할 수 있습니다. 그리고 사실 많은 경우, 깊이 고민하고 생각하면 더는 질문할 필요가 없습니다. 질문에 대한 답을 스스로 찾아낼 수 있으니까요.

책을 읽을 때 감명받은 구절을 따로 노트에 적어놓는 사람도 있고 형형색색의 펜으로 밑줄 긋기를 좋아하는 사람도 있습니다. 그런데 정작 펜으로 칠한 그 문장의 내용이 무엇이었는지 잘 기억하지 못하는 사람이 수두룩해요. 겉으로만 열심인 척하는 거죠. 왜 기억하지 못할까요? 사고하지 않았기 때문입니다.

공부를 하면 대뇌에서 일정한 자극이 생기기 때문에 어느 정도 고통을 감내해야 합니다. 하지만 깊은 사고를 마치면 결과가 있어요. 그들은 그것에서 진정한 만족과 즐거움을 얻습니다. 이러한 학습 과정이 효율적인 '자기주도학습'입니다.

안타깝게도 많은 친구들이 선생님 혹은 부모님을 위해 공부해요. 그들은 능동적으로, 주동적으로 계획하고 사고하는 걸 싫어합니다. 공부가 힘들다고 그 스트레스를 선생님이나 부모님에게 전가하거나 자꾸만 누군가를 탓해요. 하지만 공부에 대한 책임은 스스로 질 줄 알아야 합니다. 선생님에게 질문하러 가기 전에 먼저 그것에 관해 충분히 고민하고 생각해 보았는지 점검해 보세요. 고민하기 귀찮아서 그냥 선생님에게 빨리 답을 들으려는 마음으로 질문하는 건 아닌지 돌아보세요. 계속하다 보면 신기하게도 많은 경우에 질문을 더 이상 할 필요가 없다는 사실을 발견하게 될 거예요. 궁금한 것에 대한 답을 스스로 찾았을 뿐 아니라 그 결론을 실제 삶에서 적용하고 있는 자신을 보게 될 테니까요.

공자가 안회를 좋아한 까닭은 그가 자기 조절이 뛰어나고 결과를 책임질 줄 아는 사람이었기 때문입니다. 안회라고 아예 질문을 하지 않은 건 아니에요. '꿀 먹은 벙어리'처럼 가만히 듣기만 했던 게 아니었습니다. 하지만 그가 했던 한마디 한마디는 모두 깊은 고민과 사고를 거친 것이었어요. 기억하세요. 이러한 과정을 거쳐야만 여러분에게 더 큰 수확이 있다는 걸 말입니다.

하루는 공자가 안회에게 물었습니다.

"안회, 자네는 집이 가난하여 풍요롭지 못하거늘 왜 관료가 되지 않는가?"

그러자 안회는 이렇게 대답했습니다.

"관료가 되는 것은 원하지 않습니다. 죽을 끓여 먹을 수 있고 옷을 지어 입을 수 있는 정도의 땅만 있지만 지금 전혀 부족한 게 없습니다. 관료가 되는 것보다 악기를 연주하고 선생님께 가르침을 받는 것이 훨씬 더 행복합니다."

이 말을 듣고 공자는 미소를 지었습니다.

"만족할 줄 아는 사람은 이해관계에 얽혀 자신을 힘들게 하지 않고, 스스로 얻어 깨달은 사람은 그것을 잃었다 해서 근심하지 않으며, 내면을 수양하여 행동하는 사람은 지위가 없어도 부끄러워하지 않는다知足者不以利自累也, 審自得者失之而不懼, 行修於內者無位而不作. 내 이 구절을 마음에 새기고 외운 지 오래거늘 이제야 그 가르침을 몸소 살아내는 사람을 만났으니 어찌 기쁘지 아니하겠는가!"

배움의 터를 넓히고
사고의 골을 깊이 파헤쳐라

자왈子曰 "학이불사즉망①學而不思則罔, 사이불학즉태②思而不學則殆."

공자가 말하길, "배우기만 하고 스스로 사색하지 않으면 학문이 체계가 없고, 사색만 하고 배우지 않으면 오류나 독단에 빠질 위험이 있다."

....

① 망罔: 미혹되다, 여기서는 막연하고 막막해서 어떻게 해야 할지 모르는 상태를 가리킴.
② 태殆: 의혹, 위험.

보통 공부할 때 사람들이 자주 빠지는 두 가지 오류가 있습니다. 하나는 배우기만 하고 생각하지 않는 '학이불사學而不思'이고, 다른 하나는 생각만 하고 배우지 않는 '사이불학思而不學'입니다.

그럼 먼저 배우기만 하고 생각하지 않는 '학이불사'부터 살펴보겠습니다.

방과 후에도 여기저기 학원을 쫓아다니느라 바쁜 친구들이 있습니다. 배우지 않는 게 없을 정도로 정말 많은 곳을 찾아다니는데 그에 비해 효과는 미미합니다. 왜 그럴까요? '수박 겉핥기'식으로 공부하기 때문입니다. 머릿속으로는 방대한 양의 지식과 개념이 물밀듯 들어오지만, 그것을 분별하고 정리한 다음 응용할 줄 몰라 지식을 체화하지 못하는 겁니다. 그들은 얕은 지식만을 가지고 있을 뿐, 정작 자신을 위해 그 지식을 활용하지 못합니다. 선생님의 강의 내용에만 의존하면 스스로 머리를 굴려 생각하지 않기 때문에 '학이불사즉망'의 함정에 쉽게 빠집니다. 이론과 개념은 빠삭하게 외우고 있지만 사실 그것이 어떤 뜻인지, 어떻게 활용해야 하는지 모르는 거죠. 그래서 평소에 스스로 선택하는 능력을 키워야 합니다. 누구 말이 더 옳은지, 누구 말이 더 나에게 적합한지 스스로 생각하고 분별해야 하지요.

뉴턴과 아인슈타인조차 이 세상을 바라보는 시각과 해석이 완전히 달랐습니다. 그렇다고 해서 둘의 의견이 서로 충돌하는 부분이 있으니 물리학은 배울 필요가 없다고 말할 수는 없을 겁니다. 물리학은 계속해서 발전 중이므로 그 과정에서 마찰과 모순이 생기는 건 당연한 일입니다. 사람들이 저마다의 생각과 의견을 가진 것도 전부 이러한 마찰과 모순의 과정을 거쳤기 때문이지요. 그러니까 충돌이 있다고, 서로 다른 부분이 있다고 아예 물리학을 배우지 않겠다고 말하는 건 참 어리석은 행동입니다.

공부 방법 역시 똑같습니다. 공부법 역시 계속해서 발전하는 중이에요. 사람들이 각자 저마다의 경험을 바탕으로 새롭고 다양한 방법을 지속해서 연구하고 있거든요. 그런데 그 방법을 선택할 때 선생님이나 부모님에게만 의지하지 말고 여러분 스스로 생각하고 결정할 수 있어야 합니다. 이 세상에 절대적이고 확실한 진리는 없어요. 철학을 공부해 본 사람들은 알 거예요. 그것은 절대적인 진리를 한 번에 깨닫는 과정이 아니라 진리에 무한대로 끝없이 가까워지는 것이라는 걸 말이죠. 여러분이 이제 막 새로운 지식을 알게 되었다면 누군가의 지도가 필요하겠지요. 하지만 무분별한 질문 공세로 쉽게 답을 얻으려고 하면 안 돼요. 그건 스스로 생각하는 걸 방해할 뿐입니다.

두 번째 오류는 생각만 하고 배우지 않는 '사이불학'입니다. 혹 여러분 주변에도 그런 사람이 있나요? 늘 남의 말에 꼬투리를 잡거나 뭐든지 흠집을 내려 하고 다른 사람의 경험이나 조언은 절대 신뢰하지 않는 사람 말입니다. 그런 사람들의 특징이 하나 있습니다. 책을 읽으려 하지 않습니다. 그들은 우리 선조들이 남긴 연구 실적이나 공로에 아무런 관심이 없으며 타인을 보고 배워야 한다는 생각도 하지 않죠. 가령 스스로 머리가 뛰어나다고 여기는 친구는 수업 시간에 집중하지 않습니다. 선생님이 가르쳐주시는 내용을 자기는 이미 다 알고 있다고 생각하는 거죠. 설령 선생님이 알기 쉬운 방법으로 더 재미있게 설명해 주어도 아무런 관심이 없습니다. 수업이 끝나고 모르는 문제가 나오면 친구에게 물어볼 수도 있는데 입을 꾹 닫고 혼자서만 생각합니다. 하지만 그러다가 결국 답을 찾지 못하고 시간만 낭비하죠. 이런 경우를 가리켜 바로 '사이불학즉태'라고 하는 겁니다.

우리 삶에는 머리로만 생각해서는 절대 해결할 수 없는 문제들이 많이 있습니다. 그런데 우리 선조들, 선배들이 쓴 책을 한 번만 읽어보면 내가 지금 고민하는 문제를 누군가 벌써 해결해놓았다는 사실을 발견할 수 있습니다. 그걸 여러분의 삶에 적용하면 됩니다. 적용 과정에서 자신의 생각과 판단을 더하거나 새로운 아이디어를 첨가한다면 배운 내용과 삶을 하나로 만들 수 있으니 금상첨화입니다.

정리하자면 '학이불사'는 '끝없는 미로 속에서 헤매며 아무런 수확을 얻지 못하는 상태'와 같고 '사이불학'은 '문제가 생기면 계속 의심이 생기고 불안하지만 끝내 해결하지 못하는 상태'와 같습니다. 그래서 우리는 배우는 동시에 생각을 해야 해요. 지식을 꼭꼭 씹어서 완전히 내 것으로 소화시키고 구슬을 꿰듯 배운 내용을 하나로 모으되 분별력 있게 구별하는 연습을 해야 합니다. 이렇게 하는 사람은 배우는 동시에 성장할 수 있습니다.

우리가 오늘 직면한 여러 문제는 2천 년 전에 공자가 만났던 문제와 본질적으로는 크게 다를 것이 없습니다. 생각해 보세요. 당시 공자의 제자 중에서도 분명히 그의 가르침을 못 알아듣거나 너무 어렵다고, 쓸모없는 지식이라고 치부하거나 절대 따라할 수 없다고 불평하는 사람들이 있었을 거예요. 심지어 배우지도 않으면서 반론만 제기하는 사람도 있었을 겁니다. 그럴 때마다 공자는 그들에게 '많이 생각하고 많이 배우라'고 권했습니다. 저는 이 학습법이야말로 가장 효율적인 공부법이라고 생각합니다.

상식 더하기

중국의 고대 남북조 시대에 걸출한 수학자이자 천문학자로 이름을 알렸던 조충지는 어릴 때부터 수학과 천문학에 남다른 흥미를 보였습니다. 그리고 그는 배우는 과정에서 '배움과 생각이 하나 되는 것'을 몸소 보여준 사람이 었지요.

선조들의 경험을 중시했던 그는 어릴 때부터 대량의 수학 문헌을 수집하고 읽었습니다. 그리고 그 자료들을 깊이, 체계적으로 연구했지요. 계산 결과가 도출될 때는 선조들이 앞서서 도출해낸 결과에 구애받지 않고 오류를 수정했습니다. 아울러 자신이 이해한 바를 결합해 마침내 '원주율'을 처음으로 개발해냈지요. 이를 통해 소수점 일곱 자리까지 정확하게 계산할 수 있었습니다. 이것은 중국 고대 수학 발전에 엄청난 기여를 했습니다.

아는 것과 행하는 것 사이에서
균형 잡기

자로유문子路有聞, 미지능행未之能行, 유공유①문唯恐有聞.

자로는 가르침을 듣고 그것을 실행하지 못한 상태에서 또 새로운 가르침을 듣게 될까 걱정했다.

....

① 유有: 또 우又와 같은 의미로 다시, 거듭, 또.

성격이 불같고 즉흥적이었던 자로는 행동이 매우 빠르고 효율을 중시하는 사람이었습니다. 그래서 스승이 무언가를 말하면 지체 없이 바로 행동으로 옮겼지요. 그리고 만약 제대로 실천하지 못했을 경우에는 새로운 학문을 배우지 않았습니다. 그는 '유공유문唯恐有聞', 즉 '새로운 가르침을 듣게 될까 두려워하며' 이런 마음을 먹게 됩니다.

'이전에 배운 내용을 철저하게 모두 행동으로 옮기기 전에는 차라리 새로운 내용은 듣지도, 보지도 않는 게 나아!'

이런 자로의 모습은 『논어』 곳곳에 등장합니다. 그중 하나가 바로 자로가 공자를 향해 '문사행저聞斯行諸, 옳은 일을 들으면 곧바로 그것을 행해야 합니까?'라고 묻는 대목입니다. 이에 공자는 이렇게 대답합니다.

"아버지와 형님이 모두 계시는데 왜 먼저 그들에게 의견을 묻지 않는 것이냐?"

그런데 똑같은 질문에 염유에게는 다르게 일러줍니다.

"들었으면 곧바로 행해야 하느니라."

왜 그랬을까요? 자로는 급한 성격이었던 반면 염유는 느긋하고 지나치게 생각이 많았습니다. 각각의 성격과 기질에 따라 공자는 완전히 다른 가르침을 주었던 것이죠. 자로의 급한 성격은 부단한 수행과 훈련이 필요했습니다.

보통 우리가 새롭게 무언가를 깨달아서 곧바로 실천에 옮길 수 있는 것들은 간단한 것들입니다. 진정 높은 수준의 깨달음이나 수행은 때로 한평생이 걸리기도 하는 매우 길고도 힘든 여정이지요. 그런 종류의 일들은 마침표를 찍은 후에도 '아, 내가 지극히 일부만 완성했을 뿐이구나.'라는 생각을 하게 됩니다.

그렇지만 자로는 들으면 무조건 해 보고 당장 눈으로 그 결과를 봐야 직성이 풀리는 사람이었습니다. 어쩌면 여러분 중에도 이렇게 생각하는 사람이 있을지 모릅니다.

"공부 잘하는 사람들이 하는 방법대로 했는데 왜 시험 성적이 오르지 않지?", "매일 영어 단어를 수십 개씩 외우는데 왜 회화 실력은 늘지 않는 걸까?"

그 이유는 여러분의 마음이 너무 조급하기 때문입니다. 어떤 일들은 몇 달, 심지어 1년 혹은 2년 정도의 긴 시간이 지나야 효과가 나타나기도 합니다. 약간의 노력으로 지금 당장 인생이 변하길 바라는 건 어불성설입니다.

훌륭한 방법이나 새로운 정보를 알게 되었다면 그것을 천천히 실천해 보고 연습해 보고 꾸준히 반복해 보세요. 이 과정에서 여러분은 계속해서 배울 수 있을 것이며, 보다 더 좋은 방법과 경험을 얻을 수 있습니다. 대신 천천히, 조금씩 해야 하죠. 지금 당장 효과를 보려는 욕심을 버리는 게 좋습니다.

실천력이나 행동력의 각도에서 보자면 자로에게도 배울 점이 많았습니다. 하지만 마음이 지나치게 성급했던 그는 안회처럼 더 많은 것을 깨닫고 배울 기회가 없었지요.

자로가 매사에 그토록 조급했던 이유는 '들음'보다 '행동'을 중시했기 때문입니다. 그에게는 이 두 가지가 완전히 서로 분리된 개념이었지요. 명나라 유학자 왕양명은 아는 것과 행동이 하나 되어야 한다는 '지행합일知行合一'을 강조했습니다. 자로에게는 '들음'과 '행동' 사이에 '앎'의 과정이 빠져 있었습니다. 그랬기 때문에 '유공유문'의 마음이 생겨난 것이지요. 그는 아무리 훌륭한 가르침이 있어도 자신이 실행하던 것을 끝내지 못한 상태라면 들을 필요가 없다고 생각했어요.

어떤 지식을 듣고 그것을 소화하고 이해하는 과정은 '들음'을 진정한 '앎'으로 전환하는 과정입니다. 이 과정을 거치지 않으면 모든 지식은 물 위에 둥둥 떠다니는 기름처럼 겉돌 수밖에 없어요. 그러니 우리도 자로처럼 되지 않으려면 '들음'과 '앎' 사이에서 균형을 잘 유지해야 합니다.

우리는 가르침을 듣자마자 바로 실천했다가 뭔가 잘못된 것 같으면 금세 마음이 식어버리는 자로의 모습을 닮아서도 안 되지만, 새로운 것을 알게 된 후에도 생각만 하고 머뭇거리며 행동으로 옮기지 못하는 염유의 모습도 멀리해야 합니다.

이런 점에서 보면 공자가 강조하는 핵심은 '중용'입니다. 여기서 말하는 '중용'이란 '독립적이면서도 분별력 있는 결정, 포기하지 않는 끈기와 과감함'을 말합니다. 이러한 요소를 하나로 합쳤을 때 비로소 진정한 배움의 자세를 지닌 '학생'이 되는 겁니다.

사실 이렇게 성격이 정반대인 학생을 가르치는 게 공자에게도 쉬운 일은 아니었을 겁니다. 그래서 그는 학생 개인의 상황에 따라 각각 다른 교육 방법을 적용했습니다.

'지행합일'은 명나라 사상가이자 문학가, 군사전문가이자 교육가였던 왕양명이 주장했던 것으로 '아는 것과 실천하는 것은 서로 분리될 수 없다'는 개념입니다.

그는 학문을 배울 때 반드시 '지행합일'을 이뤄야 한다고 강조했으며 그가 연구한 심학心學은 역사적으로 매우 큰 영향을 미쳤습니다. 장거정, 증국번, 양계초, 손중산, 일본의 이나모리 가즈오 등의 인물들이 그를 매우 존경하고 추앙했지요.

그는 자신이 처한 상황이나 환경에 상관없이 늘 배운 바를 실천하는 데 힘썼으며 그 과정에서 새로운 깨달음을 얻고 융통성 있게 활용하여 놀라운 성과를 거두곤 했습니다.

우리 주변에 "머리로는 알겠는데 막상 하려면 못하겠다."라고 말하는 사람들이 종종 있지요. 그러나 그것은 진정으로 아는 것이 아닙니다. 왕양명이 제창한 지행합일의 정신은 끊임없이 자신의 내면을 돌보고 행동하여 구체적인 상황과 사건 속에서 자신을 단련함으로써 진리를 깨닫는 것입니다. 나아가 이로써 자신에게 부끄럽지 않은 멋지고 훌륭한 삶을 사는 것이지요.

실수를
만천하에 드러내라

자왈子曰: "이의호已矣乎! 오미견능견기과이내자송①자야吾未見能見
其過而內自訟者也!"

공자가 말하길, "이제 끝이로구나! 잘못을 깨닫고 스스로 자신
의 마음을 꾸짖은 사람을 보지 못하겠으니!"

....

① 자송自訟: 스스로 꾸짖다, 비판하다

'이의호已矣乎!'는 일종의 탄식을 뜻하는 말로 쉽게 풀이하자
면 '아, 끝났구나!'라는 뜻입니다. 그럼 이 구절에서 공자는 왜

탄식을 내뱉었을까요? 그는 '자기 잘못을 발견해 용기 있게 그 것을 인정하고 반성하는 사람을 찾아볼 수 없기 때문'이라고 말했습니다.

이 대화가 이뤄진 배경을 한번 상상해 볼까요? 누군가 공자 앞에서 "저는 자아비판을 굉장히 잘하는 사람입니다."라고 허풍을 떨었을 겁니다. 이에 공자는 "나는 그런 사람을 본 적이 없다."라고 대답한 것이지요. 면전에 대고 그런 말을 한 게 다소 가혹하다고 생각되지 않나요? 게다가 여러분이나 저나 종종 자기반성이나 자아비판, 자책을 하잖아요. 그렇다면 공자는 왜 이런 탄식을 늘어놓았을까요? 공자는 단순히 자신의 잘못을 알고 있다고 해서 모든 일이 해결됨이 아님을 이야기하고 싶었습니다. 잘못을 인정하는 데도 단계가 있습니다.

살다 보면 누구나 실수를 하고 잘못을 저지릅니다. 그런데 이것을 처리하는 방식은 세 가지로 나뉩니다.

첫 번째는 아주 낮은 수준의 대처입니다. 전혀 자기를 돌아보지 않아서 자신이 무슨 잘못을 했는지 모르는 거죠. 이런 사람은 늘 남을 탓합니다.

이보다 한 단계 높은 두 번째 대처는 자기 잘못은 '인지'합니다. 그런데 그것을 '인정'하지 않죠. 이런 사람은 자신의 잘못인 건 분명하게 알지만 그걸 다른 사람이 지적하는 건 못 참습니다. 혹은 마음속으로는 자기 잘못이라고 생각하지만 절대 그것을 시인하지 않습니다.

공자가 말한 가장 높은 경지는 바로 세 번째, '자기비판의 공론화'입니다. 굉장히 어려운 말 같지만 간단합니다. 자기 잘못을 깨닫고 그것을 사람들 앞에서 솔직하게 '고백'한다는 의미입니다.

공자는 자기 잘못을 솔직하게, 사람들 앞에 나서서 인정하는 것이 어려운 일이라고 말합니다. 왜 그럴까요?

가장 먼저는 '견기과見其過', 즉 '자기의 잘못을 깨닫는 것' 자체가 어려운 일이기 때문입니다. 두 번째로는 '내자송內自訟'입니다. 잘못은 인식했으나 '내면에서 자아를 성찰하고 자기를 비판'하지 못하기 때문입니다.

'오미견吾未見'에 그 세 번째 이유가 드러나 있습니다. 아무리 자기 잘못을 깨달아 스스로 반성한 사람이라도 그것을 남들에게 알려주기 싫어하는 경우가 허다하죠.

공자는 비판적인 사고의 중요성을 늘 강조했습니다. 그는 자기 자신을 비판하여 그것을 공론화하는 사람을 한 번도 본 적이 없다고 말합니다.

여기서 핵심은 비판의 대상이 남이 아니라 나 자신이 되어야 한다는 것입니다. 어떤 결정을 하기 전에 내 생각이 과학적이고 공평한지, 논리적인지를 돌아보고 의심할 수 있어야 합니다. 이러한 비판적 사고가 일상의 습관으로 자리 잡는다면 지금 우리가 겪는 아픔과 고통도 크게 줄어들 수 있을 것입니다.

리처드 폴과 린다 엘더가 쓴 『왜 비판적으로 사고해야 하는가』의 서두를 보면 우리가 왜 고민과 걱정이 넘쳐나는 삶을 사는지 알 수 있습니다. 저자는 그 원인이 '사고방식의 문제'라고 지적합니다. 저는 이 말에 매우 동감합니다. 공자의 말처럼 '내자송'을 실천하여 내 잘못을 발견하고 기꺼이 그것을 다른 사람에게 밝히는 일은 절대로 쉬운 일이 아니기 때문이죠. 이것이 바로 우리가 늘 고민과 번민에 휩싸여 있는 이유입니다.

중국의 제7대 황제인 한왕조 유철은 중국 역사상 걸출한 정치가였습니다. 그는 54년 동안 나라를 통치하면서 태학을 발전시켰고 흉노족을 정벌하는 등 많은 업적을 남겼습니다. 그러나 잦은 전쟁으로 서한의 거대한 병력과 민생이 희생당했으며 수많은 재정이 소모되었습니다. 또한 무분별한 궁궐 신축으로 엄청난 재정을 충당해야 했던 탓에 서민들의 삶은 나날이 힘들어 졌지요. 심지어 만년에 들어서는 미신에 빠져 황후와 태자 유거까지 죽음에 몰아넣게 되었습니다.

시간이 흐르고 나서야 태자가 무고하게 죽었다는 것을 알게 된 그는 '사자 궁'을 지음으로써 자기 잘못을 공개적으로 인정하고 반성했습니다. 그리고 기원전 89년에 이르러 그는 또 한 번 군신들 앞에서 자기 잘못을 인정하고 스스로 질책했습니다.

"신이 즉위한 이후로 수많은 잘못을 저질러 민생을 어지럽히고 백성을 힘들게 했구나! 앞으로는 절대 이런 일이 없을 것이다!"

그는 상홍양 등의 대신들이 주청한 염철전매제도의[18] 병폐를 깨닫고 철폐시키기로 하면서 《윤대죄기소輪臺罪己詔》를 반포해 자신이 펼쳤던 정책이 잘못되었음을 인정했습니다.

이렇듯 그는 실제적인 행동으로 자신을 비판하고 반성하여 지난날의 잘못을 곧바로 수정함으로써 서한 시대 '소선중흥昭宣中興'의 성세를 위한 기반을 닦는 데 큰 역할을 했습니다.

번 아웃,
슬럼프에서 벗어나는 위기탈출법

자위①안연子謂顏淵, 왈터 "석호惜乎! 오견기진야吾見其進也, 미견기지
②야未見其止也."

공자가 안연을 가리켜 이르되, "애석하도다! 나는 그가 앞으로
나아가는 것만 보았지 그가 멈춰 서 있는 것을 보지 못했다."

....

① 위謂: 평하다, 평가하다.
② 지止: 그치다, 멈추다.

"얼마나 애석한 일인가! 나는 안회가 매일같이 정진하고 노
력하는 것만 보았을 뿐, 단 한 번도 그가 멈춰 있는 것을 보지

못했거늘!"

아마도 이 말은 안회(안연)가 세상을 떠난 후 공자가 그를 떠올리며 한 말일 것입니다. 안회의 죽음은 공자에게 큰 충격을 안겨주었습니다. 당시 연로했던 공자는 시도 때도 없이 그를 그리워하곤 했습니다.

여기서 질문 하나 하겠습니다. 왜 우리는 열심히 계획표도 세우고 학업에 열중하다가 갑자기 멈추게 되는 것일까요? 이때가 바로 슬럼프나 번 아웃에 빠질 때입니다. 왜 우리는 잘하다가 이런 진창에 발을 들여놓는 것일까요? 아마도 배움의 진정한 의미에 의구심을 품기 때문일 것입니다. 눈에 띄는 성과도 없고, 이렇다 할 출구도 보이지 않는 막다른 상황에 봉착했다고 느끼는 것이죠. 그러면 잔뜩 위축됩니다.

배움의 길은 멀고도 험난해서 이러한 어려움을 종종 만납니다. 그럴 때 누군가는 결국 배움을 포기하고 맙니다.

그런데 안회는 달랐습니다. 공자에게 배운 것들을 그는 단 한 번도 허투루 흘려듣거나 배운 내용을 실천하는 일에 게으름을 피운 적이 없었죠. 올곧은 신념과 강한 의지를 지닌 사람이 바로 안회였습니다. 안회가 그럴 수 있었던 이유는 무엇일까요? 안회는 배움의 기능과 효용성을 따진 게 아니라 본질을 추구했기 때문입니다.

당시 공자에게 가르침을 받으면 높은 관직에 오르거나 신하의 자리를 꿰찰 수 있었고 하다못해 평생 먹고살 수 있는 일자리 하나쯤은 찾을 수 있었습니다. 이런 게 기능이자 효용성이었어요. 하지만 안회는 어떻게 하면 좋은 사람, 훌륭한 군자, 어진 사람이 될 수 있는지 그 본질에 집중했습니다. 이를 위해 끊임없이 자신을 단련해서 더 좋은 결과를 얻으려고 부단히 노력했죠. 이런 신념이 있으니 안회는 공부를 하면서도 슬럼프에 빠지지 않았고 요즘 세대들이 겪는 번 아웃에도 휩싸이지 않았습니다. 그가 느낀 것이라고는 매일 공부하면서 얻는 즐거움과 성장하는 자기 모습이었어요. 이것이 바로 배움의 참된 즐거움입니다.

지식을 획득하는 과정에서 배움의 즐거움을 맛본 사람은 중간에 포기하거나 위축될 가능성이 적습니다. 무언가를 배울 때 그 지식이 당장 내게 어떤 이익이 될지, 내 삶이 얼마나 변화할지만 생각하는 건 너무 계산적이지요. 그러면 결국 학습에 대한 동력을 잃고 맙니다.

많은 사람이 제게 하는 질문이 있습니다.

"판 선생님, 저도 책을 정말 많이 읽었거든요? 그런데 시간이 지나면 그 내용을 다 잊어버려요. 그런데도 독서를 하는 게 의미가 있을까요?"

물론 독서는 지식을 얻기 위해 하는 것도 있지만 독서를 통한 깊은 사고와 깨달음의 바다에 빠져들기 위함도 있습니다.

그리고 포커스를 조정하는 역할도 해요. 사람의 뇌는 끊임없이 성장하기 때문에 읽은 책이 많아질수록 대뇌의 신경세포 사슬인 시냅스도 늘어납니다. 또 해마[19) 뉴런이 활성화되기 때문에 기억하는 내용도 점점 더 많아지지요. 그러나 우리는 계속해서 잊어버리기 때문에 독서의 총량이 많을수록 결국 잊어버리는 내용이 많을 수밖에 없습니다.

그런데 만일 그 잊어버린 부분에만 초점을 맞춘다면 아무리 공부해도 재미가 없고 '이 공부를 해서 뭐 하나.' 하는 생각이 들지요. 그러나 기억하는 부분에 초점을 두고 관심을 가지면 상당히 많은 수확이 있다는 걸 발견하고 과거에 비해 지식이 많아진 자신을 보게 될 겁니다.

그러니 지금 여러분이 가지고 있는 것, 기억하는 것에 관심을 가지고 자신을 더 많이 칭찬해 주고 격려해 주세요. 그래야만 더 열정적으로, 더 즐겁게 공부할 수 있습니다.

당장 눈에 띄는 성과에만 목을 매면 결국에는 얕은 기술, 기능만 습득하게 될 거예요. 그러다간 정말로 소중하고 진귀한

참지식을 놓쳐버리는 안타까운 실수를 저지르게 될 수도 있습니다.

안회는 서른한 살에 숨을 거두었습니다. 상심이 컸던 공자는 통곡하며 말했습니다.

"안회가 내 곁에 온 이후로 제자들이 더 나를 따랐었지…."

한번은 노나라의 국왕이 공자에게 "당신 제자 중 배움을 가장 좋아하는 자는 누구인가?"라고 물으니 그는 이렇게 말했습니다.

"안회라는 자입니다. 그는 한 번도 누군가에게 화를 낸 적이 없으며 같은 실수를 반복한 적이 없습니다. 하지만 너무 안타깝게도 젊은 나이에 생을 거두었습니다. 그 이후로 그와 같은 사람을 아직 한 번도 본 적이 없습니다."

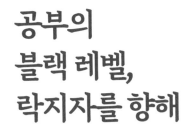

4장

공부의
블랙 레벨,
락지자를 향해

섬세하게 상황을 살피는
매의 눈을 가져라

자위안연왈子謂顔淵曰 "용지즉행用之則行, 사지즉장舍之則藏, 유아여

이유시부①惟我與爾有是夫!"

자로왈子路曰 "자행삼군子行三軍, 즉수여則誰與?".

자왈 子曰 "포호빙②하暴虎馮河, 사이무회자死而無悔者, 오불여③야吾不

與也. 필야必也, 림사이구臨事而懼, 호모이성자야好謀而成者也."

공자가 안연에게,

"세상에 쓰인다면 자신의 이상을 실천하고, 버려진다면 자신

의 재능을 감출 수 있어야 하거늘 아마도 너와 나만이 그렇게

할 수 있으리라 생각한다."라고 하자 샘이 난 자로가 물었다.

"선생님께서 삼군을 통솔하게 된다면 누구와 함께하시겠습니

까?" 이에 공자가 말하길,

"나는 맨손으로 호랑이를 때려잡고 맨몸으로 강을 헤엄쳐 건

너다가 죽어도 후회 없다는 사람과는 함께하지 않는다. 반드시 일에 임하면 두려운 듯이 신중하며 차분하게 잘 계획하여 일을 성취하는 사람이라야 한다."

----

① 부^孚: 어조사, 청유나 제의, 부탁이나 동의 등의 어기를 나타냄.
② 빙^馮: 기댈 빙^憑과 동의어.
③ 여^與: 동사, ~와/과 함께하다.

안회는 늘 공자의 사랑을 독차지했습니다. 반면 자로는 매번 공자에게 쓴소리를 들어야 했죠.

이번에 공자는 안회에게 "세상에 쓰임을 받는다면 이상을 실천해야 하지만 그렇지 못한다면 재능을 감추고 숨길 수 있어야 하는데 그걸 할 수 있는 사람은 오직 너와 나, 둘 뿐이다."라고 말합니다. 둘 사이의 관계가 얼마나 가깝고 돈독했는지 알 수 있는 대목입니다.

첫 구절부터 보겠습니다. '용지즉행^{用之則行}'이란 국왕이 누군가에게 직분을 주거나 자리를 마련해 주면 즉시 그 자리에 올라가 일해도 아무런 문제가 없는 상태입니다. 반대로 '사지즉장^{舍之則藏}'은 임용되지 않았다고 해도 담담한 마음으로 집에 돌아가 묵묵히 자신을 수행하고 열심히 공부하는 것을 의미합니다.

공자가 노나라에서 관리로 지내던 시절, 제사에 올라간 조육胙肉을 받지 못하자 조용히 자리에서 물러났던 일이 있었습니다. 당시 노나라에는 군주가 제사를 지내고 나면 제사상에 올라갔던 고기인 조육을 대신과 관원들의 집에 나눠주는 풍습이 있었습니다. 이것은 일종의 국가의 영예를 얻는 것과도 같은 의미였죠. 그런데 제사가 끝난 뒤 며칠을 기다려도 공자에게 조육이 돌아오지 않자 그는 조용히 집을 떠나 국경 지역으로 갔습니다. 거기서도 사흘을 기다렸지만 아무도 그에게 조육을 가져다주지 않자 그는 열국을 떠도는 여행을 시작했습니다. 공자가 여러 나라를 돌아다니며 정치적 이상을 펴기 위해 힘썼다는 뜻의 성어 '주유열국周遊列國'이 바로 여기서 비롯한 것입니다.

개인적으로 '용지즉행, 사지즉장'을 실천하는 것은 매우 어렵고 힘든 일이라고 생각합니다.

사람은 완벽하지 못합니다. 예를 들어 학교에서 무언가 중요한 일을 맡아야 할 때는 서로 나서길 꺼립니다. 다른 사람에게 좋은 평가를 받지 못할까 봐 두려운 마음도 있고 자신을 믿지 못하는 마음도 있기 때문이죠. 청나라 정치가였던 임측서는 "진실로 국가를 위해서라면 희생을 감내할 수 있어야 하며, 자신에게 해가 된다고 해도 절대 피하지 않아야 한다苟利國家生死以, 豈因禍福避趨之."라고 말했습니다. 이렇듯 누군가가 나를 필요로 할 때 '용지즉행', 바로 쓰임의 자세를 가지고 곧바로 앞에 나서는 것은 큰 용기와 능력이 필요합니다.

'사지즉장' 역시 쉽지 않습니다. '버림'을 받는 순간 세상과 타인을 원망하거나 슬픔과 절망에 휩싸이는 사람이 대부분이니까요. 학교에서 선생님에게 꾸중을 듣고 난 뒤 집에 돌아가 밤잠을 이루지 못하거나 화가 나서 가족들에게 짜증을 내고 불평을 쏟아낸 경험이 있을 겁니다. 어떤 친구들은 자기 능력을 선생님이나 친구들이 알아주지 않는다고 생각해 부정적인 감정과 정서에 휩싸이기도 합니다. 하지만 기억하세요. 이 모든 것은 심리적으로 균형감을 잃어버렸기 때문에 나타난 결과입니다. 그래서 지금 눈앞에 닥친 어려움과 좌절을 담담하게 이겨내지 못하는 거지요.

공자는 안회와 자신만이 위에서 말한 두 가지를 해낼 수 있다고 생각했습니다. 무슨 이유였는지는 모르겠지만 공자는 그날따라 많은 제자 앞에서 안회를 칭찬하고 추켜세워 주었습니다. 옆에서 가만히 그 말을 듣고 있던 자로는 심술이 났습니다. 그도 그럴 것이 '원로 제자'라고도 할 수 있을 만큼 초창기부터 공자와 오랜 시간을 함께한 그는 자신도 당연히 그 정도의 칭찬은 받아야 마땅하다고 생각했지요. 그래서 자로는 공자에게 '자행삼군, 즉수여?'라고 묻습니다. "스승님은 만일 전쟁터에 나간다면 누굴 데려가실 겁니까?"라는 뜻이죠. 사실 자로가 이런 질문을 한 이유는 평소 몸이 약한 안회를 겨냥한 것이었습니다. 그리고 그는 당연히 스승이 자기를 데려간다고 말할 것이라고 생각했지요.

그런데 그런 자로에게 공자는 적나라하게 면박을 줍니다. 그는 자로를 '맨손으로 호랑이를 때려잡고 맨몸으로 강을 헤엄쳐가는 사람'에 빗대며 매사에 힘과 용기만 믿고 막무가내로 밀어붙이는 점을 지적했습니다. '포호^{暴虎}'란 호랑이가 나타났을 때 맨손으로 싸우는 것을 말합니다. 그런데 생각해 보세요. 호랑이에게 덤벼들면서 방망이 하나 들지 않고 싸운다는 게 얼마나 무모한 짓입니까. '빙하^{馮河}'는 배도 다리도 없는 강에 맨몸으로 뛰어들었다가 결국에는 다 건너지도 못하고 중간에 밖으로 헤엄쳐 나오는 것을 의미합니다.

공자는 자신은 그런 사람과는 동행할 수 없다고 말합니다. '죽어도 후회하지 않는' 사람은 자신의 생명을 소중히 여기지 않는다는 이유에서죠.

고대 중국에서는 한때 '현담玄談'이 유행한 적이 있었습니다. 당시 사람들은 한가롭게 팔짱을 끼고 앉아 도가 사상에 관한 이야기만 나누었죠. 그들은 이야기를 나누다가 갑자기 전쟁이 나서 나라가 위기에 처하면 그냥 그 자리에서 죽어버리겠다고 말했습니다. 그것으로 국왕에게 자신의 충성심을 보여줄 것이라는 생각이었죠. 그런데 솔직히 그게 무슨 소용입니까? 국가에 필요한 건 그런 사람이 아닙니다. 예로부터 지금까지 죽음으로 자신의 충성심과 용기를 보여줄 수 있다고 생각하는 사람들이 있습니다. 그렇지만 공자는 그런 식으로 '죽어도 후회하지 않는 사람'과는 동행할 필요가 없다고 생각했습니다. 그는 사람의 생명은 매우 소중하기 때문에 절대 함부로 대해서는 안 된다고 여겼습니다.

'림사이구臨事而懼, 호모이성好謀而成'의 자세가 공자가 중시하는 가치였습니다. '반드시 일에 임하면 두려운 듯이 신중하며 차분하게 잘 계획하여 일을 성취하는 사람'입니다. 이는 연약함이나 나약함이 아니라 일종의 지혜였고 무슨 일이든 진지하게 최선을 다하는 태도였습니다.

요즘 젊은이 중에는 모든 걸 '놀이'의 개념으로 생각하는 사람들이 많습니다. 예를 들어 사진 혹은 영화 촬영을 배우면서 '논다'고 생각하는 것이죠. 심지어는 기업 면접에서 자기소개를 할 때 과거의 경력들을 모두 '놀이'로 표현하는 경향도 있습니다. 즐기는 자세로 하는 건 좋지만, 모든 걸 '놀이'로만 생각하면 그 대상에 대한 경외심이 사라집니다. 그러면 최선을 다할 수 없고 자아실현이나 자기 계발 등을 이룰 수 없습니다.

간혹 열심히 공부하는 게 뭔가 부끄럽고 창피한 일이라고 생각하는 친구들도 있습니다. 다른 친구들은 즐기면서 여유롭게 공부하는데 자신만 무언가 부족한 듯 열공을 하고 있으면 뭔가 이상하다고 생각하죠. 친구들에게 '공부벌레'라는 놀림을 받을까 걱정하기도 합니다. 그럴 때는 공자가 말했던 '필야, 림사이구, 호모이성'을 떠올리며 마인드컨트롤을 하기 바랍니다. 공부하다가 뭔가 막히고 잘 이해되지 않는 부분이 나오면 내가 문제에 직면했다는 걸 인정해야 합니다. 그다음에는 어떻게 해야 할까요? 답을 찾기 위해 고민하고 노력해야죠. 남의 시선만 신경 쓰며 우물쭈물하기보다는 하루빨리 자신의 목표를 이루기 위해 노력하는 것이 훨씬 더 현명합니다.

나폴레옹이 유럽을 정복할 때 늘 전쟁에서 승리할 수 있었던 비결은 그가 모든 싸움의 세세한 부분까지 명확하게 파악하고 있었기 때문입니다. 그는 자신이 지나가는 길에 식량창고가 몇 개 있는지, 그것이 대략 몇 명의 병사들에게 배급할 수 있는 양인지, 병사들을 대동할 때는 얼마만큼의 식량이 필요한지, 현재 보유한 대포는 몇 개이며 어디에 설치해야 하는지, 그 대포들을 설치할 때 부품이 얼마나 필요한지 등을 정확하게 파악하고 있어서 누군가 질문을 해오면 그 자리에서 바로바로 대답할 수 있었습니다. 이것이 바로 제대로 된 '림사이구, 호모이성'의 자세입니다.

그랬던 그가 훗날 패배를 맞이했던 이유는 무엇이었을까요? 러시아 원정을 떠나기 전, 그는 러시아에 곡물창고가 많이 없기 때문에 원조에 어려움이 있다는 보고를 받았습니다. 그는 그 이야기를 듣고 잠시 망설였지만, 그동안 수많은 전쟁에서 승리했던 경험을 과신한 나머지 별문제 되지 않을 거라는 생각에 계획을 변경하지 않았고 그 결과 쓰라린 실패를 맛보아야만 했습니다.

공자의 가르침이 자로에게는 다소 모질게 느껴지는 부분이 있긴 하지만 우리에게는 많은 교훈을 안겨줍니다. 특히 지금 학생인 여러분의 경우, 고등학교 입시건 대학 입시건 최선을 다해 준비하고 임하길 바랍니다. 놀면서 좋은 성적이 나오길 기대하긴 어렵습니다. 좋은 성적을 거두는 사람은 '림사이구, 호모이성'의 정신으로 공부했다는 걸 잊지 마세요.

자로는 공자의 제자 중에서도 가장 용감하고 직설적이면서 무예에 뛰어난 사람이었습니다. 공자와 함께 열국을 여행할 때는 그를 수호하고 보호하는 역할을 하기도 했지요. 또 정직하고 불의를 보면 참지 못하는 성격이었기에 공자의 신뢰를 받기도 했습니다. 그러나 결국 그 불같은 성격 때문에 화를 면하지 못했습니다.

기원전 480년, 자로는 위나라의 반란을 저지하기 위해 세자인 괴외를 찾아가 그를 설득하려 했습니다. 하지만 괴외는 사람을 시켜 자로를 처단하라는 지시를 내렸죠. 괴외를 만나고 돌아가는 길에 자로의 갓이 땅에 떨어지자 그는 '군자는 죽더라도 갓을 벗지 않는다君子死, 而冠不免'는 구절을 떠올리며 끈을 고쳐 매는 동안 습격을 당해 죽음을 맞이했습니다. 당시에 조금만 더 민첩하게 행동했더라면 목숨은 충분히 건질 수 있었는데 말이죠.

용감함이 절대 잘못된 건 아닙니다. 그렇지만 융통성 없이 오로지 자기 뜻대로만 밀어붙여서는 안 됩니다. 머리를 써서 용감함과 지혜를 합쳐야만 자신도 보호하고 일도 성사시킬 수 있습니다.

세상 모든 일에는 지혜가 필요합니다. 사리를 잘 판단하고 지혜를 활용해야 적을 물리치고 승리를 거둘 수 있습니다. 공자의 눈에는 용기만 가득하고 지혜가 부족한 자는 경솔한 사람으로밖에 보이지 않았습니다.

기억하세요. 지혜와 용기가 한데 어우러져야만 진정한 정의를 실현할 수 있는 '영웅'이 된다는 사실을 말입니다.

아인슈타인과 뉴턴을 뒤집는
신박한 발상이 필요하다

자왈子曰 "군자박학어문君子博學於文, 약지이례約之以禮, 역가이불반
①의부亦可以弗畔矣夫!"

공자가 말하길, "군자가 널리 문물을 배우고 예로써 자기 행동
을 절제한다면 정도에서 벗어나지 않을 수 있을 것이로다!"

....

① 반畔: '배반할 반叛'과 동의어, 배반하다, 벗어나다.

고대에는 과학적으로 새로운 문물이나 기계가 등장하면 사
람들은 그것에 거부감을 가졌습니다. 누군가 교묘하게 잔머

리를 굴려 만들어낸 결과물이라고 생각했던 것이죠. 당시 지식을 가진 사람들은 그것이 정도에서 어긋나는 것이라 믿었습니다. 그도 그럴 것이 그들은 늘 사람의 마음과 인성, 도 같은 것에 몰두하며 어떻게 하면 공자의 학문을 더 발전시키고 확장할 수 있을까만 고민했으니까요.

역사서를 살펴보면 공자가 살던 시대에는 여러 화제를 둘러싼 논쟁과 토론이 활발하게 이뤄졌습니다. 청나라 시대까지 그것에 대한 결론이 나지 않을 정도였죠. 청나라의 유생들은 공자가 했던 말이 무슨 의미였는지에 관해 열띤 토론을 벌였고 누구의 해석이 조금 더 정통에 가까운가에 관해 논쟁하고는 했습니다.

위의 문장에서 '문文'은 '인문 학술'이고 '예禮'는 '예의 규범'을 가리킵니다. 공자는 군자라면 모름지기 인문학 서적을 두루 읽고 공부해야 하며 예로써 자신을 다스려야 한다고 생각했습니다. 위의 문장 '박학어문博學於文, 약지이례約之以禮'는 제자들이 도에서 벗어나거나 상식에 어긋나는 행동을 삼가길 바랐고 전통을 뒤집는 행동을 하지 말 것을 권고한 내용입니다.

그에 반해 서양의 과학 체계는 세대를 거듭할수록 천지가 개벽할만한 새로운 변화를 이뤄내곤 했습니다. 시간이 흐르면서 아리스토텔레스의 이론이 틀렸다는 사실이 발견되기도 했고, 뉴턴의 연구 성과 역시 여러 의심을 받은 끝에 오류가 있다는 게 밝혀졌죠. 아인슈타인의 발견도 온전한 게 아니라는 사실이 드러나기도 했습니다. 이렇듯 과학은 이전 사람들의 연구와 가설을 뒤집으면서 진화를 거듭해 왔습니다.

공자가 말한 '박학어문, 약지이례'가 어떤 면에서 틀린 말은 아니지만 '역가이불반의부', '정도에서 벗어나지 않을 수 있다'에 대해서는 저는 조금 다른 의견을 가지고 있습니다.

저는 모든 시대의 사람은 과거의 사람들이 주장한 생각이나 사상, 연구 결과에 감히 도전하고 의구심을 제기할 수 있어야 한다고 생각합니다. 특히 수백 년 전 삶의 양상은 지금과는 완전히 다르기 때문에 지금, 현재에 맞는 해석과 연구를 해야 한다는 입장입니다. 그래서 과거의 지식이나 선조들의 생각에 도전장을 내밀고 그것을 바꾸는 정신과 용기는 인정받을 가치가 있다고 생각합니다.

나침반, 제지술, 인쇄술, 화약으로 대표되는 중국의 4대 발명품은 세계 문명의 발전에 엄청난 기여를 했습니다.

최초에 '사남'이라고 불렸던 나침반은 춘추전국 시기에 처음 등장한 뒤로 오랜 시간을 거쳐 인공 자침을 삽입해 방향을 가리키는 지금의 나침반 모습을 갖추게 되었습니다. 나침반이 항해에 최초로 사용된 시기는 송나라 때입니다.

서한 시기 중국에는 이미 제지술이 활용되고 있었습니다. 이후 동한의 관리였던 채륜이 나무껍질이나 마포, 어망 등 주변에서 쉽게 찾을 수 있는 원료들을 사용해 저렴하면서도 품질이 좋은 '채후지'를 발명했고 이것이 점차 보편적으로 사용되었습니다.

인쇄술이 발명되기 전에 사람들은 나무나 돌에 새기는 방식으로 문자와 언어를 기록했습니다. 중국에서는 나무판에 글자를 새기는 조판 인쇄가 먼저 등장했고 송나라 시기에 이르러 차진 흙에 글자를 새긴 다음 불에 굽는 형식의 교니활자膠泥活字가 발명되었습니다.

화약의 발명은 고대 중국의 '연단가'와 깊은 관련이 있습니다. 연단가는 도가에서 불로장생을 위해 만든 약을 먹는 사람들의 집단입니다. 그들이 유황과 웅황, 초석과 같은 광물을 밀봉하여 가열했더니 폭발하는 현상을 발견한 것이 화약 발명의 시초가 되었습니다. 송나라 때는 이 화약을 기반으로 불을 붙여 쏘는 화전을 만들어 사용하기도 했지요.

거인의 어깨 위에서
세상을 바라보라

자왈子曰 "술①이불작②述而不作, 신이호고信而好古, 절③비어아노팽
竊比於我老彭 ."

공자가 말하길, "나는 전해 내려오는 것을 말하였지, 새로 창작
하지는 않았다. 나는 옛것을 탐구하고 좋아했다. 나는 나 자신
을 슬며시 노팽에 견주노라."

....

① 술述: 진술하다, 말하다.
② 작作: 창작하다.
③ 절竊: 은근히, 몰래, 조용히.

'술이불작述而不作'은 '전해 내려오는 것을 말한다'는 뜻으로 보통 지식 있는 사람들이 자기를 낮춰 말할 때 사용하는 어휘입니다. 누군가 "저는 그저 술이불작했을 뿐입니다."라고 한다면 그것은 선인들의 것을 종합하여 전하는 것일 뿐, 자신이 새로운 걸 창작한 게 아니라는 뜻입니다.

공자는 자신의 학습법이나 교육법을 '술이불작'으로 묘사했습니다. 그의 겸손함이 엿보이는 대목이기도 하지만 이는 그가 선조들의 연구 성과를 얼마나 존중했는지 잘 보여주는 대목입니다.

저 역시 여러분에게 좋은 책이나 그 내용을 소개할 때 같은 마음으로 임합니다. 사실 타인이 지닌 지식을 더 많은 사람에게 전달하고 그것을 확장하는 것 역시 일종의 창작에 해당한다는 게 제 생각입니다.

또 다른 각도에서 보면 '술이불작'은 일종의 혁신을 이뤄내는 방법이기도 합니다. 과거의 사물이나 지식을 새로운 각도에서 분석하고 연구하여 정리한 다음 나만의 말로 그것을 표현하기 때문입니다. 예를 들어 기자가 기사를 쓸 때는 기존의 글자와 어휘를 활용합니다. 자신이 새롭게 창조해낸 글자는 없습니다. 이미 존재하는 글자나 어휘를 재조합해서 한편의 문장으로 만드는 것인데 사람들은 이러한 행위 역시 일종의 창작이라고 생각합니다.

그래서 '술이부작'은 배움을 얻고 그것을 전파할 때 지녀야 할 일종의 마인드로 본질적인 의미에서 보자면 일종의 창작에 해당한다고 할 수 있습니다.

다음 구절인 '신이호고信而好古'는 '옛것을 탐구한다'는 뜻으로 공자가 자주 사용했던 어휘 중 하나입니다. 그는 특히 선조들이 남긴 기록물을 매우 신뢰했습니다. 그런데 공자가 말한 '신이호고信而好古'란 지루하고 케케묵은 옛것을 지칭하는 게 아닙니다. 이 구절 안의 '고古'는 '경험'으로 이해할 수 있습니다. 결국 '호고'는 앞서 말했던 '온고이지신'의 정신과 일맥상통합니다. 예를 들어볼까요? 우리가 지금 배우는 뉴턴이나 아인슈타인의 이론 역시 '옛것을 배우는' 일에 해당합니다. 그 모든 것은 과거의 위대한 사람들이 남긴 경험이지요. 그래서 여러분이 그 지식을 공부하는 걸 즐긴다면 이는 공자가 말한 '호고'를 실천하는 것과 같습니다.

'호고'의 반대되는 개념은 '망작妄作'입니다. 제멋대로, 함부로 행동한다는 뜻의 이 표현은 과거의 경험이나 타인의 사례를 무시하고 배우지 않는 이들을 지칭할 때 종종 사용되었습니다. 그들은 오로지 자기 생각이 옳다고 여기며 살아가기 때문에 성장할 수 없습니다.

마지막 구절인 '절비어아노팽竊比於我老彭'은 남몰래 조용히 자기 자신을 노팽과 비교한다는 뜻입니다. 여기서 '노팽'이 누구인가에 관해서는 여러 해석이 존재합니다. 하나는 '노'는 노자를, '팽'은 800살을 넘게 살았다는 중국 전설 속 인물인 팽조를 가리키는 말로 두 인물을 합쳐서 지칭한다는 해석이고, 또 다른 하나는 팽조 한 사람만을 가리킨다는 견해입니다.

팽조는 중국의 고문에 자주 등장하는 인물로 그와 관련한 전설은 아주 많습니다. 그런데 이상하게 노자처럼 대중에게 널리 알려지진 않았습니다. 이치대로라면 팽조가 노자보다 훨씬 더 오래 살았으니 세상에 이름을 더 많이 알리고 영향력이 있어야 하지만 800살을 넘게 살았다는 등 지나치게 '신화화'되다 보니 오히려 사람들은 그 이야기에 심리적으로 거리감을 느끼게 되었습니다. 그래서 사람들은 팽조가 남긴 공적이 모두 누군가가 지어낸 이야기라고 생각하거나 애초부터 그런 인물은 존재하지 않았다고 여기기도 합니다.

어찌 되었든 공자가 말했던 '절비어아노팽'에는 자신은 옛것을 탐구하고 공부하는 것을 좋아하고 즐겼다는 뜻이 담겨 있습니다.

아직 최선을 다하지 않았다면
포기하지 마라

염구왈再求曰 "비불설①자지도非不說子之道, 역부족야力不足也."
자왈子曰 "역부족자力不足者, 중도이폐中道而廢. 금여획②今女畵!"

염구가 말하기를, "저는 선생님의 가르침을 기뻐하지 않는 것
은 아니지만 힘이 부족합니다."
그러자 공자가 말하길, "힘이 부족한 사람은 중도에 그만두나
니 너는 지금 스스로 한계선을 긋고 있다."

....

① 설說: 기쁠 열悅과 동의어, 좋아하다, 기쁘다.
② 획畵: 그만두다.

하루는 공자의 제자인 염구가 그를 찾아와 말했습니다.

"스승님, 저는 스승님이 제게 가르쳐주시는 지식을 매우 좋아합니다. 저는 그것을 배우고 싶은데 제 역량이 부족해서 잘 배우지 못합니다. 최선을 다했지만, 여전히 제자리걸음입니다."

염구는 '역부족'을 핑계로 삼았습니다. 하지만 그의 마음을 꿰뚫어 본 스승 공자의 한마디가 촌철살인의 언어로 그의 마음을 관통합니다.

역부족자^{力不足者}**, 중도이폐**^{中道而廢}
"힘이 부족한 자는 중도에 그만둔다."

'중도 포기'라는 말을 많이 들어보았을 겁니다. 부정어로 많이 사용되는 이 표현은 어떤 일을 끝까지 성공시키지 못하고 중간에 그만두는 것을 말하며 이 말은 곧 '실패'라는 느낌을 줍니다. 그런데 사실 '중도 포기'가 그렇게 나쁘기만 한 것은 아닙니다. 목표를 향해 열심히 전진하던 중에 잠깐 멈춰 서서 지나온 길을 돌아보는 것이기 때문이죠. 최소한 거기까지는 달려오느라 많은 노력을 했습니다. 하지만 공자는 염구가 하는 말을 들으면서 그의 열정이 부족하다고 여겼습니다. 만일 정말로 '역부족'이라면 어쩔 수 없이 중도에 멈추겠지만 지금 염구는 고의로 발을 내딛지 않고 있는 게 눈에 보입니다. 스스로 한계선을 미리 그려두고 자신을 그 안에 묶어두고 있던 것입니다.

사실 염구는 무슨 일을 할 때 자로와 상반되는 모습을 보였습니다. '옳은 일을 들으면 그것을 곧바로 행하는聞斯行諸 사람'이었던 자로는 행동력이 강해서 무슨 생각이 떠오르면 그것이 옳든 아니든, 결과가 어떻든 '일단 먼저 하고 보자'는 식이었습니다. 반면 염구는 스승의 가르침을 들은 뒤 그것이 아무리 옳은 일이라고 해도 두 번 세 번 생각하면서 머뭇거리기 일쑤였고 어떻게든 포기할 구실을 생각하는 타입이었죠. 이를 잘 알았던 공자는 염구에게 "아직 실천도 하지 않고서 역부족이라고 말하니, 네가 스스로를 제한하는구나."라고 일깨워준 것입니다.

이 말은 제게도 울림을 줍니다. 많은 사람이 저에게 이렇게 말합니다.

"판 선생님, 선생님의 강의 내용은 너무 심오해서 저희가 감히 실천을 못 하겠어요."

"판 선생님, 현실은 그렇게 녹록지 않아요. 장애물이 도처에 깔려 있다고요. 매일같이 생존하기 위해 모든 에너지를 쏟는 판에 선생님이 말씀하시는 그런 것들을 실천하기는 너무 어려워요."

이런 말을 들을 때마다 제 머릿속에는 '역부족자, 중도이폐. 금여획'이 떠오릅니다.

왜 우리는 시도도 해 보기 전에, 발을 내디뎌보지도 않고서 먼저 그만둬야 할 갖은 이유와 구실을 찾는 걸까요? 앞서 소개했던 책 『1만 시간의 재발견』에는 이런 잘못된 생각에 관해 정확히 짚어주는 대목이 나옵니다.

"세상에 단 한 명이라도 할 수 있는 일이 있다면 그건 누구라도 다 할 수 있다는 얘기다. 결국 중요한 건 당신이 얼마나 최선을 다 했느냐, 얼마나 전심을 쏟았느냐에 달려 있다."

염구에게 주었던 공자의 가르침을 여러분도 마음속 깊이 새기길 바랍니다. 자신에 대한 믿음을 가지세요. 변명과 구실을 찾느라 나태함에 빠지지 않길 바랍니다.

염구는 노나라 출신으로 '자'는 자유였습니다. 그는 춘추시대 말년의 유명한 학자이자 공자의 제자로 '공문십철孔門十哲'의 한 사람이기도 했죠. 정치에 능했던 그는 다방면에서 특출함을 보였는데 특히 재테크에 뛰어나 노나라의 국정에 막강한 힘을 행사했던 계씨 가족의 직무를 돌봐주기도 했습니다. 사실 공자 역시 염구를 매우 아꼈습니다. 『논어』의 「옹야」편에서 계강자가 공자에게 자로와 자공, 염구가 정치를 하기에 적합한 인물인지 묻는 대목을 보면 알 수 있습니다. 공자는 세 명 모두 정치에 적합한 인물이라고 말하면서 염구의 재능과 기능을 특별히 칭찬합니다. 이를 통해 염구가 소심하고 수동적이기만 했던 인물은 아니라는 것을 짐작해 볼 수 있습니다.

배움의 끝판왕, 락지자

자왈子曰 "지지자불여①호지자知之者不如好之者, 호지자불여락지자好
之者不如樂之者."

공자가 말하길, "지식을 아는 사람은 그것을 좋아하는 사람만
못하고, 좋아하는 사람은 그것을 즐기는 사람만 못하다."

....

① 불여不如 : 같지 않다. 그만큼은 안 된다. 부족하다.

　간단해 보이는 이 구절은 조금 더 세부적으로 파헤쳐 보면
배움에 관한 세 가지 경지를 가르쳐주려는 공자의 깊은 뜻이
숨어 있다는 걸 알 수 있습니다.

먼저 위 구절에 등장하는 '지지자知之者'란 무엇일까요? 초등학교 1학년 때부터 지금까지 여러분을 지도해 주셨던 선생님을 떠올려 봅시다. 그중에는 그저 '교사'라는 본업에만 충실한 사람도 있었을 겁니다. 그런 분들은 열심히 수업을 하긴 하지만 늘 같은 방식, 같은 방법으로만 학생을 가르칩니다. 담당 과목에 딱히 열정이 있는 것도 아니고 업계 내의 뛰어난 전문가가 되고 싶다는 마음도 없어서 그저 학생들이 시험을 잘 치르고 좋은 성적을 얻을 수 있게 도와주면 그만이라고 생각하죠. '나무를 심어 하늘까지 닿도록 키워 보겠다'는 이상이나 꿈이 없는 그들에게 '교사'는 그저 생계를 이어가기 위한 '밥그릇'에 불과합니다. 이런 사람을 가리켜 '지지자知之者', '지식을 아는 자'라고 합니다. 그들은 배움을 통해 지식이나 기술을 습득하지만, 그것은 모두 생계를 위한 수단일 뿐입니다. 그래서 공자는 지식을 아는 '지지자知之者'가 '지식을 좋아하는 호지자好之者'보다 못하다고 한 것입니다.

'호지자'는 '배우는 걸 좋아하는 사람'입니다. 꿈을 위해 배우고 목표를 위해 공부하는 그들은 배움의 과정을 통해 정진합니다. '호지자'가 공부하는 목적은 이를 통해 더 많은 것을 얻어내고 누리기 위함입니다. 그래서 그들은 이 과정에서 즐거움을 느끼지 못합니다. 대부분의 사람이 열심히 공부하는 목표가 1등 하기 위해서, 좋은 대학에 가기 위해서인 것처럼 말입니다. 하지만 그렇게 되면 공부하는 과정이 너무 힘들게 느껴지고 심지어 포기하고 싶은 생각도 들기 마련이죠.

'호지자'보다 더 높은 경지에 있는 사람이 바로 즐길 줄 아는 '락지자樂之者'입니다. 이 경지에 오른 사람은 '공부하지 않으면 괴로운' 상태가 됩니다. 그런 사람이 세상에 어디 있느냐고 할 수 있지만 정말 그런 사람들이 존재합니다. 그들이 공부하고 훈련하는 목적은 어떤 목표에 도달하기 위함이 아니라 순전히 그것을 정말 좋아해서, 그리고 그 배움의 과정을 누리기 위함입니다.

예전에 타이완의 이완 영화감독을 인터뷰한 적이 있었습니다. 그가 연출한 「라이프 오브 파이」가 아카데미 시상식에서 최고 감독상을 받은 것에 대해 제가 질문을 했습니다.

"감독님이 연출하는 작품은 스타일이 다 다릅니다. 늘 이전 작품과는 전혀 다른 성격의 작품이 탄생하는 것 같아요. 이유가 뭘까요?"

여기에 대한 그의 대답이 아주 오랜 시간 저의 마음을 울렸습니다.

"그러지 못할 이유가 있나요? 영화를 찍는 건 정말 재밌는 일이에요. 새로운 환경이나 조건이 생기면 무조건 시도해 봐야죠."

이것이 바로 '락지자'의 모습입니다. 그는 진정으로 배움과 창작의 즐거움을 즐기고 있었습니다.

퀴리 부인이나 아인슈타인, 뉴턴도 연구를 하는 과정에서 '몰입'을 경험했습니다. 그들은 배움과 연구에 몰두하면서 지식이 가져다주는 즐거움과 만족감을 경험했지요. 레오나르도 다빈치는 한번 그림을 그리기 시작하면 멈출 줄 몰랐고 그 자리에서 그림을 그리다가 숨을 거두어도 좋다고 느낄 만큼 그림을 사랑했습니다.

정리하자면 무언가를 배우는 사람들의 경지는 세 가지로 나눌 수 있습니다. 보통의, 일반적인 학습자인 '지지자'와 노력하는 학습자인 '호지자', 그리고 그것을 즐기고 향유하는 '락지자'입니다.

인생의 가장 높은 경지에 도달하고 싶다면 배움의 과정을 즐길 줄 아는 '락지자'가 되어야 할 것입니다.

영국의 유명 물리학자이자 수학자, 살아있는 백과사전이라 불렸던 아이작 뉴턴은 배움을 즐기고 사랑하는 사람이었습니다. 생전에 그는 이런 말을 남겼습니다.

"내가 세상에 어떻게 비칠지 모르겠지만 내 눈에 나는 단지 해변에서 놀고 있는 꼬마 같다. 매끈한 조약돌이나 예쁜 조개껍데기를 찾아 이리저리 헤매는 동안에도 위대한 진리의 바다는 언제나 내 앞에 끝없는 미지의 존재로 펼쳐져 있었다."

그는 겸손하기도 했지만 배움에 큰 열정과 이상을 가진 사람이었습니다.

시간의 흐름이 멈추는
몰입의 경지

자재제문『소』①子在齊聞『韶』, 삼월②부지육미三月不知肉味,
왈日 "부도위악지지어사야不圖爲樂之至於斯也!"

공자께서 제나라에서 「소」를 들으신 뒤 석 달 동안 고기 맛을
모르는 채 식사하시고는 말씀하셨다.
"음악이 이런 경지에 이를 수 있으리라고는 생각지 못했구나!"

....

① 『소』韶: 전설 속 순임금의 악장.
② 삼월三月: 매우 긴 시간.

연구에 따르면 위 사건은 기원전 517년에 일어난 일입니다.

당시 서른다섯 살 정도로 중년에 접어들기 시작한 공자는 제나라에서 「소악^{韶樂}」을 듣게 되었습니다. 「소악」은 순임금을 위한 음악이었는데 제 생각에 공자는 순임금을 매우 숭배했던 것 같습니다. 그래서 순임금의 음악을 특별히 더 아름답게 느꼈고 심지어 집에 돌아와서도 오랜 시간 고기 맛도 느끼지 못할 정도로 깊이 빠져버렸던 것이지요.

공자는 미식가였습니다. '음식은 정성 들여 만들어야 한다^{食不厭精,膾不厭細}'는 점을 매우 강조했지요. 그래서 음식이 정갈하게 그릇에 담겨 있지 않거나 맛이 없으면 입에 대지 않았습니다. 그는 격조 있는 삶을 즐겼으며 음악과 예술을 사랑했습니다. 하지만 「소악」을 듣고 돌아온 뒤에는 '삼월불지육미^{三月不知肉味}', '3개월 동안 고기 맛을 몰랐다'라고 말할 정도로 뭘 먹어도 맛이 느껴지지 않고 식욕을 잃을 정도로 깊이 빠져버렸습니다. 그가 「소악」에 얼마나 심취했었는지 잘 보여주는 구절입니다.

사람이 어떤 한 가지에 완전히 몰두해서 깊이 파고들기 시작하면 '물아양망^{物我兩忘}', '나도 잊고 외부의 사물도 잊는 상태'가 됩니다. 뉴턴의 여동생이 전하는 이야기에 따르면, 뉴턴은 성인이 되어서도 어떤 일에서는 5, 6세 아이처럼 행동했다고 합니다. 식사 시간을 알려주지 않거나 식탁에 밥이 놓여 있지 않으면 밥 먹는 것도 잊었습니다. 뉴턴의 사진을 보면 상상이 갈 것입니다. 잠옷을 입고 슬리퍼를 신은 채 산발이 된 머리로 일상을 보냈습니다. 아마 뉴턴의 머릿속에는 언제나 우주의 비밀을 해결하기 위한 공식들이 가득 차 있었을 것입니다. 학문의 세계에 완전히 빠져 있었던 뉴턴은 밥을 먹는 일 따위는 전혀 중요하지 않았던 것이지요.

'수학의 왕자'라고 불리는 독일의 수학자 가우스도 비슷했습니다. 한번은 그가 길을 걸어가던 중에 갑자기 공식이 떠올랐습니다. 그는 그 완벽하고 아름다운 증명을 절대로 잊어서는 안 된다는 생각에 부리나케 주변을 둘러보기 시작했죠. 그때 그의 눈에 '칠판'처럼 생긴 물체가 눈에 들어왔고 그는 허겁지겁 그 위에 공식을 써 내려가기 시작했습니다. 그런데 갑자기 '칠판'이 움직이기 시작했고 가우스는 있는 힘껏 따라 내달렸습니다. 알고 보니 그 '칠판'은 마차였습니다. 공식을 증명해 낼 생각에 몰입한 나머지 마차라는 것도 알아보지 못한 것이었어요.

공자가 말한 '삼월부지육미'의 경지를 경험해 보고 싶다면 칙센트미하이의 심리학 저서 『몰입: FLOW』를 읽어보길 바랍니다. 사람은 몰입의 상태에 들어가면 시간에 대한 관념이 사라진다는 연구 결과가 있습니다.

좋은 사람들과 카페에서 담소를 나눌 때는 서너 시간이라도 순식간에 지나가지만, 누군가가 '앞으로 네 시간 동안 카페에 앉아서 아무 데도 가지 못한다'라고 말하는 순간 하나같이 '네 시간은 너무 길다'며 불평을 쏟아냈다고 합니다.

만일 여러분이 '삼월부지육미'와 같은 정도로 무언가에 몰입하게 된다면 시간이나 외부 환경 따위는 하나도 중요하지 않게 여겨집니다. 오로지 몰입하는 그 대상에만 집중하게 되니까요.

끝으로 공자는 '부도위악지지어사야!不圖爲樂之至於斯也'라며 탄식합니다. 이 구절에서 '악樂'은 두 가지 독음이 존재하는데 하나는 '즐거울 락樂'이고 다른 하나는 '음악 악樂'입니다. 저는 두 가지 모두 가능하다고 생각합니다.

먼저 '락'은 말 그대로 즐거움의 뜻으로 「소악」이 사람에게 이토록 커다란 즐거움을 가져다줄지 몰랐다'는 말로 해석할 수 있겠지요. 두 번째 '악'은 음악의 뜻으로 '이 음악이 이토록 아름다운 줄 몰랐다'는 뜻으로 해석할 수 있습니다.

『한서·예악지』의 기록에 따르면, 순임금 이후 「소악」은 진나라에서 등장합니다. 춘추전국 시기에 이르러서는 진나라의 공족이었던 진완이 제나라로 도피하면서 「소악」을 함께 도입하게 되었다고 나옵니다. 「소악」은 순임금의 어질고 바른 정치를 찬양하는 음악입니다. 순임금 시기에는 나라가 태평성대를 이루었지요. 요임금에게 제왕의 자리를 물려받았던 순임금은 이후 아들이 아닌 신하 우에게 제왕의 자리를 물려줍니다. 공자는 그러한 순임금의 어질고 선량한 모습에 찬사를 보냈던 것으로 보입니다.

목표 달성을 위한 두 가지, '초심으로', '한결같이'

자왈子曰 "삼년학 三年學, 부지①어곡②不至於穀, 불이득야不易得也."

공자가 말하길, "여러 해 동안 학업을 닦았으면서도 벼슬길에 나아가 녹을 받으려고 하지 않는 마음가짐은 쉽게 가질 수 없다."

....

① 지至: 생각하다.
② 곡穀: 곡물, 여기서는 관리의 녹봉을 가리킴.

이 구절과 관련해 여러 해석이 존재하지만 여기서는 두 가지 정도를 살펴봅니다.

첫 번째 해석은 조금 재미있습니다. 여기서 '곡穀'은 '녹봉' 을 뜻하는 말로 고대에는 일반적으로 곡물로 월급을 계산해 서 나눠주었는데 이는 다른 말로 '녹미'라고 불렸지요. 그러니 까 첫 번째 해석은 '나와 함께 3년을 공부하고도 공무원이 되 지 못해 녹미를 먹지 못하는 사람은 극히 드물다'는 뜻으로 보 는 것입니다. 그런데 만일 이런 식으로 해석한다면 이건 그야 말로 공자가 내건 '원생 모집' 광고 문구와도 같은 것이 되겠지 요. 요즘 말로 한다면 '3년만 공부하면 당신도 공무원 될 수 있 다!'는 것과 같은 말이 될 것입니다. 이건 우리가 아는 공자 스 타일이 아닙니다. 그러니까 이 구절은 이런 식으로 해석하면 안 됩니다.

또 다른 두 번째 해석이 더 합리적이라고 생각합니다.

'잡념을 품지 않고 마음을 다해서 3년을 공부한 다음에도 관 직에 올라 돈 벌 생각을 하지 않는 사람은 매우 드물다.'라는 뜻입니다.

「공야장 편」에는 '공자가 칠조개에게 벼슬을 권하는子使漆雕開 仕' 구절이 나옵니다. 제자인 칠조개에게 공무원 일을 해 볼 것 을 권한 것인데 여기에 칠조개는 이렇게 말합니다.

"아닙니다. 저는 아직 수련이 더 필요합니다."

이에 공자가 크게 기뻐하며 그를 칭찬합니다. 녹봉 받는 일에 성급하게 욕심을 내거나 권세에 탐욕을 부리지 않는 그를 기특하게 본 것이지요.

공자가 살았던 시대에 유생은 일종의 직업이었습니다. 그런데 이 유생도 '군자유^{君子儒}'와 '소인유^{小人儒}' 같은 두 부류로 나뉘었죠. 유학을 그저 돈벌이 수단으로 여겨 사람들을 대신해 글을 써주거나 혼례 및 장례와 같은 대소사를 주관하고 돕는 일을 하던 사람들은 '소인유'라고 불렀습니다. 그러므로 공자는 제자들이 모두 '군자유'가 되길 원했습니다. 천하를 다스리는 일을 자신의 소임으로 여기고 어진 정치를 펼치길 바란 것이죠.

사실 당시 그를 찾아가 유생의 예법을 공부하던 학생 중에는 그 목적이 좋은 직업을 찾아 돈을 벌기 위한 사람도 많았습니다. 이러한 현상은 지금도 존재합니다. 대학을 졸업하자마자 인턴십에 들어가거나 일자리를 찾는 학생들은 자신의 전공을 더 깊이 연구해 보겠다는 마음보다는 당장 적당한 곳에 취직해서 사회에 발을 붙이고자 하는 마음이 더 큽니다. 보통의 사람들이 거의 그런 마음이죠. 하지만 학문을 조금 더 깊이 연구해 보겠다는 마음으로 석사 과정을 거쳐 박사 공부에 들어가거나 박사 과정이 끝난 뒤에도 자신이 관심 있는 또 다른 분야를 이어서 공부하는 사람들도 있습니다. 물론 이런 사람은 극히 드뭅니다.

공자는 '전심을 다 해 공부하면서 잡념을 품지 않는 것'은 매우 어려운 일이라고 말합니다. 물론 대학 졸업을 앞두고 취업을 준비하는 학생들이 잘못되었다는 뜻이 결코 아닙니다. 우리 사회는 늘 일할 사람을 필요로 합니다.

공자 역시 '소인유'의 가치를 부정하지 않았습니다. 또한 공부를 마친 후 관직에 올라 녹봉을 받는 게 잘못되었다고 말하지도 않습니다. 그는 그저 제자들에게 처음 학문을 시작했을 때의 초심을 간직할 것을 당부하면서 일편단심 학문만을 위해 정진하고 노력하는 것은 매우 힘든 일이라는 것을 일깨워 주었습니다.

상식 더하기

어린 시절 강남수사학당에서 공부했던 루쉰 선생이 하루는 학교에서 금배지를 수상했습니다. 그는 곧바로 난징구뤄로 달려가 그것을 팔고 그 돈으로 책 몇 권과 홍고추 한 근을 샀습니다. 그리고 추운 겨울, 밤마다 고추를 하나씩 입에 물고 추위를 쫓아내면서 책을 읽고 공부했습니다. 그러한 고통의 세월을 견딘 끝에 그는 중국의 유명한 문학가로 성장할 수 있었습니다.

주석

제1장

1 통가자 : 고대 사람이 어떤 글자를 쓸 때 본래 써야 할 글자 대신 쓰는 독음이 비 슷하거나 같은 글

2 안연 : 중국 춘추시대 노나라의 현인

3 증자 : 중국 춘추시대의 유학자. 동양 5성의 한 사람

4 자하 : 중국 전국시대의 학자. 공자의 제자로 공문 10철의 한 사람

5 박학지博學之, 심문지審問之, 신사지愼思之, 명변지明辨之, 독행지篤行之

6 《梁漱溟先生讲孔孟》 2008. 상해삼련서점上海三聯書店 출판

7 사학 : 학교법인이나 공공단체 이외의 법인 또는 사인이 설립한 학교

8 케플러 법칙 : 행성의 운동에 관한 물리학 법칙으로 타원궤도 법칙, 면적속도 일 정 법칙, 조화의 법칙을 말한다.

9 등속 운동 : 속력이 매우 일정한 운동. 정지해있거나 같은 속도를 유지하는 운동

10 시호諡號 : 왕이나 사대부들이 죽은 뒤에 그 공덕을 찬양하여 추증하는 호

11 프로메테우스 : 그리스 신화에 나오는 티탄족族의 이아페토스의 아들. 이름은 '먼저 생각하는 사람'이란 뜻이다. 주신主神 제우스가 감추어 둔 불을 훔쳐 인간 에게 내줌으로써 인간에게 맨 처음 문명을 가르친 장자신으로 알려져 있다.

12 문관 : 일반적으로 일반 행정사무에 종사하는 문반文班의 관원을 가리키는 말

13 무관 : 일반적으로 군사에 종사하는 무반武班의 관원을 가리키는 말

14 인터넷 밈(Meme) : 인터넷 커뮤니티나 SNS 등지에서 퍼져나가는 여러 가지 문화의 유행과 파생·모방의 경향, 또는 그러한 창작물이나 작품 요소를 통틀어 가리키는 용어

제2장

15 가신家臣 : 높은 벼슬아치의 집에 딸려 있으면서 그 벼슬아치를 받드는 사람

제3장

16 도치문 : 정상적인 어순을 뒤바꾸어 놓은 문장. 흔히 문장 성분의 강조를 위하여 쓰는데, 가령 '보고 싶어요, 나의 어머니가.'와 같은 것

17 윤리강상倫理綱常 : 유가儒家에서 정해 놓은, 봉건사회에서 사람으로서 마땅히 행하거나 지켜야 할 도리를 가리킨다.

18 염철전매 제도 : 상홍양이 제안한 제도로써 돈 많은 상인을 압박해 빈부격차를 줄이고 전쟁으로 고갈된 국가재정을 충당하기 위해 도입된 제도

19 해마 : 인간의 뇌에서 기억의 저장과 상기에 중요한 역할을 하는 기관으로, 뇌의 변연계 안에 있다.

기원전 551년 (노양공 22년)	양력 9월 28일	노나라 창핑향 추읍에서 공자 출생. (지금의 산동성 난신진 루웬촌)
기원전 549년 (노양공 24년)	공자 3세	아버지 숙량흘이 세상을 떠남.
기원전 537년 (노소공 5년)	공자 15세	열다섯 살에 학문에 뜻을 세움. (吾十有五志于学)
기원전 535년 (노소공 7년)	공자 17세	• 어머니 안징재가 세상을 떠남. • 아버지 계신 곳에 합장한 뒤 상복을 입고 노나라 계씨 가문 연회에 참석하러 갔다가 그 집 신하 양호에게 문전박대당함.
기원전 533년 (노소공 9년)	공자 19세	3년상을 치르고 상복을 벗은 후 송나라로 가서 기관씨 집안의 여성을 아내로 맞이함.
기원전 532년 (노소공 10년)	공자 20세	• 노나라로 돌아가 아들 공리를 낳음. • 노소공이 축하의 의미로 잉어(鯉魚)를 보낸 연유로 아들의 이름을 공리(孔鯉), 자를 백어(伯魚)로 지음. • 계씨 집안의 위리(委吏)직을 맡아 창고 관리를 담당함.
기원전 531년 (노소공 11년)	공자 21세	계씨 집안의 승전(乘田)직을 맡아 가축을 관리함.
기원전 525년 (노소공 17년)	공자 27세	• 담나라 군주가 노나라를 방문함. • 공자가 그를 접견하여 관제에 대한 가르침을 청함.
기원전 522년 (노소공 20년)	공자 30세	• 학문이 어느 정도 원숙한 경지에 이르름(三十而立). • 제나라 군주 제경공과 명신 안영이 노나라를 방문하여 접견함. • 계씨 가문의 관직을 사퇴하고 교육의 길로 접어들어 사학을 설립함.
기원전 518년 (노소공 24년)	공자 34세	노소공의 지원으로 주나라 수도인 낙읍에 가서 노자를 만나 가르침을 청함.
기원전 517년 (노소공 25년)	공자 35세	• 귀국. • 노나라에서 '팔일무어정(계씨가 자신의 뜰에서 천자(황제)의 춤인 팔일무 공연을 엶)' 사건 발발. • 내란이 발생하여 소공과 함께 제나라로 망명함. 태산을 넘으며 '가혹한 정치는 호랑이보다 사납다(苛政猛于虎)'는 말을 남김. • 춘추 시대 제나라의 국군 제경공이 공자에게 정치 자문을 구함.
기원전 515년 (노소공 27년)	공자 37세	• 노나라로 돌아온 뒤 51세 관직에 앉기 전까지 사학 운영과 제자양성에 힘씀. • 기록에 따르면 그에게 가르침을 받은 제자가 약 3천 명이었으며 그중에서도 뛰어난 현자는 72명(혹은 77명)이었다고 함.

202

기원전 512년 (노소공 30년)	공자 40세	어떠한 유혹에도 흔들림 없는(四十而不惑) 불혹의 경지에 이르름.
기원전 505년 (노정공 5년)	공자 47세	• 양화가계씨가 문을 장악하고 노나라의 권력을 쥐게 됨. • 우연히 길을 가다가 양화를 만난 공자는 벼슬자리를 요청받았으나 완곡하게 거절함.
기원전 502년 (노정공 8년)	공자 50세	• 하늘의 뜻을 깨닫게 되었다는(五十而知天命)' 지천명의 경지에 이르름. • 반란으로 양화가 물러나 제나라와 진나라로 도망감.
기원전 501년 (노정공 9년)	공자 51세	• 벼슬자리에 오름. • 노나라의 중도를 다스리는 중도재(中都宰) 자리를 맡은 후 정치 실력을 인정받음.
기원전 500년 (노정공 10년)	공자 52세	• 노나라 중도재에서 국토를 장관하는 소사공(小司空)으로, 또다시 법을 장관하는 대사구(大司寇)에 임명됨. • 노나라 정공과 제나라 경공이 화평을 위해 협곡에서 회합을 하였는데 이때 공자가 예를 돌보는 관리로 정공을 수행함.
기원전 498년 (노정공 12년)	공자 54세	세습귀족의 세력을 약화하고 공실의 기강을 잡는 '타삼도'정책을 주장하였으나 삼환가문에 눈엣가시가 되어 중도 포기함.
기원전 497년 (노정공 13년)	공자 55세	• 제나라에서 미녀로 이뤄진 가무단을 노나라에 선물함. • 공자가 관직에서 물러나 위나라를 시작으로 14년에 이르는 기나긴 망명길(周遊列國)에 오름. • 차례대로 위나라, 조나라, 송나라, 정나라, 진나라, 채나라, 초나라 7국을 여행함.
기원전 496년 (노정공 14년)	공자 56세	위령공의 부인 남자(南子)를 접견함.
기원전 492년 (노애공 3년)	공자 60세	• 귀가 순해져 사사로운 감정에 얽매이지 않고 모든 말을 객관적으로 듣고 이해하는(六十而耳順) 이순의 경지에 이르름. • 위(衛)나라를 떠나 조(曹)나라를 거쳐 다시 진나라에 가려고 송나라를 지나다 송나라의 대장군 사마 환퇴에게 죽임을 당할 뻔함. • 계손씨가 공자의 제자 자유를 불러들여 노나라로 돌아갈 것을 요청함.
기원전 489년 (노애공 6년)	공자 63세	제자들과 함께 채나라로 가던 도중 양식이 떨어져 일주일을 굶음.

기원전 484년 (노애공 11년)	공자 68세	• 노나라 계강자의 부름을 받아 주유열국을 마치고 노나라로 돌아감. • 그 전에 아내 원관 씨가 세상을 떠남. • 이후 교육계에 몸담고 고대 무헌을 정리하고 연구하는 데 힘씀.
기원전 482년 (노애공 13년)	공자 70세	• 마음속으로 하고 싶은 대로 해도 법도에서 벗어나지 않는(七十而從心所欲不踰矩) 경지에 이르름. • 아들 공리가 세상을 떠남.
기원전 481년 (노애공 14년)	공자 71세	• 제자 안회가 세상을 떠남. • 숙손씨가 정권에 오르며 태평성대의 조짐이 보이자 자신이 짓던 《춘추(春秋)》에 '서수획린(西狩獲麟)'이라 쓰고 책을 끝맺음.
기원전 480년 (노애공 15년)	공자 72세	제자 자로가 전쟁터에서 목숨을 잃음.
기원전 479년 (노애공 16년)	공자 73세	• 세상을 떠남. • 제자들이 공자를 위해 3년상을 치르고 자공이 그의 무덤을 6년 동안 지킴.

알고 있을 때는 알고 있음을 밝히고
잘 모르고 있을 때는 모름을 시인하는 것이 바로 참된 지식이다.

_공자

모든 것은 제각기 아름다움을 지니고 있으나
모든 이가 그것을 볼 수는 없다.
_공자

멀리 내다보지 않으면
반드시 가까운 곳에 근심이 있다.
_공자

위대한 사람은 말은 겸손하지만
행동이 남보다 뛰어나다.

_공자